Ecouter pour s'exprimer

To all the wonderful teachers who have taught me how to teach,
especially Tippy Schwabe and Barbara J. Merino,
and
To Zoë.

Patrick Blanche

A la mémoire de mon père.

James Strancel

Écouter pour s'exprimer

Listening, Conversation, and Composition in a Cultural Context

Patrick Blanche
Kumamoto Gakuen University, Japan
University of Central Lancashire, United Kingdom

James Strancel

The McGraw-Hill Companies, Inc.
New York St. Louis San Francisco Auckland Bogotá Caracas
Lisbon London Madrid Mexico City Milan Montreal New Delhi
San Juan Singapore Sydney Tokyo Toronto

This is an EBI book.

McGraw-Hill

A Division of The **McGraw-Hill** *Companies*

Ecouter pour s'exprimer
Listening, Conversation, and Composition in a Cultural Context

This book is printed on acid-free paper.

1 2 3 4 5 6 7 8 9 0 SEM SEM 9 0 9 8 7 6 5

ISBN 0-07-005858-X Student Text
ISBN 0-07-911179-3 Student Text and Tape Set

Library of Congress Cataloging-in-Publication Data

Blanche, Patrick.
Ecouter pour s'exprimer: Listening, conversation, and composition in a cultural context/Patrick Blanche, James Strancel.
p. cm.
French and English.
ISBN 0-07-005858-X
1. French language—Conversation and phrase books—English.
2. French language—Textbooks for foreign speakers—English.
3. France—Civilization. I. Strancel, James. II. Title.
PC2121.B635 1996
448.3'421—dc20 95-37307 CIP

This book was set in Century Old Style, Party, Bodoni, and Univers by Interactive Composition Corporation.
The editors were Thalia Dorwick, Richard Mason, Julie Melvin, and Susan Lake.
The text and cover design was by Lorna Lo.
Production assistance was provided by Suzanne Montazer, Diane Renda, Stacey Sawyer, and Iikka Valli.
The production supervisor was Diane Renda.
Photo research was by Judy Mason.
Cover photo research was by Dallas Chang and Jean-François Neveu.
The illustrators were Sally Richardson and James Stimson.
Semline was printer and binder.

Grateful acknowledgment is made for use of the cover and back cover photographs, *Pierrot écoutant* and *Pierrot riant* (1854–1855) by Félix Nadar and Adrien Tournachon, © cliché Bibliothèque Nationale de France, Paris/ RMN.

Grateful acknowledgment is made for use of the following photographs:

Page 1:R. Lucas / The Image Works; *5* Mike Mazzaschi / Stock, Boston; *7* Benali-Sampers / Gamma-Liaison; *14* Bob Daemmrich / Stock, Boston; *17* A. Benainous / Gamma-Liaison; *23* Ulrike Welsch; *27* Touchstone / The Kobal Collection; *35* Grant Le Duc / Monkmeyer Press Photo; *41* Hugh Rogers / Monkmeyer Press Photo; *43* The Bettmann Archive; *49* Chuck Savage / The Stock Market; *51* Sue Klemens / Stock, Boston; *60* Christophe Lovigny / Gamma-Liaison; *63* Ulrike Welsch; *72* Bill Bachman / Stock, Boston; *79* Addison Geary / Stock, Boston; *81* Christian Vioujard / Gamma-Liaison; *87* Owen Franken / Stock, Boston; *91* Ulrike Welsch; *97* Phillipe Maille / Gamma-Liaison; *103* Peter Menzel / Stock, Boston; *110* Ulrike Welsch; *115* Sipa Press; *117* Ulrike Welsch; *127* Ulrike Welsch; *138* UPI / Bettmann; *141* Allen McInnis / Gamma-Liaison; *144* Peter Menzel / Stock, Boston; *153* The Kobal Collection; *155* Owen Franken / Stock, Boston; *160* The Bettman Archive; *161* Mike Mazzaschi / Stock, Boston; *169* John Lei / Stock, Boston.

UNITE 3: MODES D'EMPLOI

UNITE 4: LA FRANCOPHONIE

UNITE 5: APPLICATIONS

Preface

Welcome to *Ecouter pour s'exprimer*, a listening and conversation program that also emphasizes reading, writing, and culture. Packaged with an audiocassette, *Ecouter pour s'exprimer* provides a varied and unique program for intermediate to advanced conversation courses. It also serves as the perfect flexible companion text for any second- or third-year college French course.

Because success in a language class, especially a conversation course, depends first and foremost on engaging students' interest, we have chosen diverse and highly appealing listening passages and readings for the program, including such topics as the world's largest cities, the making of chocolate, François Truffaut and the cinema, and average life expectancies in various countries. In addition to the carefully sequenced pre- and post-listening activities that accompany the listening passages, the text offers a wide range of conversational activities designed for partner and group work, writing activities that encourage students to express themselves on a variety of chapter-related themes, and authentic readings followed by interesting comprehension-based and discussion activities.

Text features

Ecouter pour s'exprimer opens with a **Chapitre préliminaire** designed to break the ice and encourage students to use French to learn more about one another. Subsequent chapters are structured to preview new vocabulary and themes in a communicative format before students listen to the selection. This approach serves as a springboard to more advanced exchanges on the topic at hand. Students are therefore led from the simple to the complex in an engaging framework designed to break down barriers and support group efforts in using French.

In addition to the **Chapitre préliminaire** and the twelve regular chapters thematically divided into three-chapter units, *Ecouter pour s'exprimer* features a **Contrôle** section at the end of each unit and three **Applications** that make up the final unit. Each **Contrôle** recycles themes and vocabulary from the previous three chapters and may be used to check students' progress. The **Applications**, longer than the **Contrôles** but shorter than the regular chapters, feature new themes and may also be used for student evaluation at regular intervals. Any of these chapters and sections might also be used as a break from the regular chapter format in or out of class, by individuals or groups.

Although each unit contains three thematically related chapters, instructors may treat individual chapters as self-contained entities, moving about the book as they deem fit.

Chapter features

Each regular chapter is covered in a three-part sequence:

- Phase 1: guided speaking / pre-listening
- Phase 2: strategies for listening
- Phase 3: post-listening / speaking reinforced by reading and writing.

Instructors may wish to devote one contact hour to each phase, reserving a fourth contact hour for an optional simulation phase described below under Phase 4. To facilitate planning and the organization of classroom activities, icons identify the listening, writing, and group activities presented throughout *Ecouter pour s'exprimer.*

Phase 1: Students describe the chapter-opening photo or drawings in the **Pour démarrer** section. Next, they preview upcoming listening material in **De quoi s'agit-il?**, which contains two subsections: **Aperçu**, an advance organizer and contextualizing device; and **Phrases indicatrices**, sentences taken from the listening passage that preview new or difficult vocabulary and structures, and one or two exercises that activate this material. The balance of this phase is devoted to **Avant d'écouter**, varied communicative activities designed to prepare students for the passage they will hear. These pre-listening activities expose students to new and potentially difficult vocabulary and structures in a variety of contexts.

Phase 2: Depending on various factors, this phase may be assigned as homework, done in class, or both. Students first engage in pre-listening activities by completing the **Stratégie d'écoute** section consisting of three parts: **Vocabulaire**, one or two written vocabulary exercises; **Echanges**, one or two communicative activities based on new vocabulary from the previous section; and **Pour mieux comprendre**, a listening strategy section tailored to the listening passage as well as to the specific listening tasks that students are asked to perform.

Next, students begin the **Vous êtes à l'écoute** section, where they listen to the passage and complete two listening activities. In general, **Première écoute** is a global comprehension activity that students can complete after listening to the passage once. **Deuxième écoute** requires greater concentration during a second listening so that students can complete a more detail-oriented activity. Since students have the individual cassette packaged with their text, instructors have the option of assigning these activities as homework if they do not want to devote an entire classroom hour to listening.

Phase 3: Students perform any or all of the tasks outlined in the **Après avoir écouté** section, which reinforces previously acquired vocabulary and structures. Students then read the realia or authentic selection in **De la pensée à la parole**, followed by a written comprehension activity leading to communicative activities.

Phase 4: This is the simulation phase, in which students integrate newly acquired vocabulary, structures, and information on the chapter theme by performing one or more of the activities outlined in the **On sait se débrouiller** section. Instructors may wish to assign each of the suggested activities to different groups of students. All the activities in this section are suitable for grading.

Instructor's Manual

The *Instructor's Manual* to accompany *Ecouter pour s'exprimer* provides the complete audioscript for the listening passages from the cassette packaged with the text. The *Instructor's Manual* also offers methodological explanations, practical recommendations for teaching the skills of listening and conversation, sample lesson plans, ACTFL Guidelines, suggestions for putting together a syllabus for courses meeting three and four times per week, optional chapter tests, and an answer key to exercises in the main text.

Acknowledgments

The authors wish to acknowledge the contributions of many people, without whom *Ecouter pour s'exprimer* would not have been possible. Michel Gabrielli of the University of Michigan, Ann Arbor, reviewed the manuscript in depth as it developed and made many helpful suggestions. Jean Pavans de Ceccatty's review was likewise invaluable. We are grateful to Dr. Rafik Darragi, University of Tunis, who suggested the initial format for chapters dealing with French-speaking Africa, and to Professor François Paré, University of Guelph, Ontario, who read the entire manuscript and made significant contributions to its coverage of Canadian French.

Our native reader, Jehanne-Marie Gavarini, did a wonderful job checking the naturalness and authenticity of the French throughout the book. We are indebted to Susan Husserl-Kapit for her excellent work and suggestions on the final drafts of manuscript. Special thanks go to Armelle Rouyère for her editing suggestions and the many late-night hours she spent word-processing the first draft of the manuscript.

We are also indebted to the editing, design and production staff at McGraw-Hill for their expert work: Karen Judd, Francis Owens, Lorna Lo, Diane Renda, and particularly Richard Mason, our editing supervisor.

We especially wish to thank the McGraw-Hill foreign language editorial staff: our development editors, Julie Melvin and Susan Lake, whose careful editing and comments brought the manuscript into its final form; our consulting editor Bob Di Donato, who made significant contributions to its development; and, of course, our publisher Thalia Dorwick, who worked with us to conceptualize the text and guided us through the entire project.

About the Authors

Patrick Blanche started teaching college-level French at West Virginia University in 1967. Since then, he has taught French as a foreign or second language at institutions of higher learning in the United States, Britain, Canada, and Japan, including the University of London (King's College), the University of California at Davis, the School for International Training in Brattleboro, Vermont, and the Defense Language Institute in Monterey, California. Patrick Blanche currently teaches at Kumamoto Gakuen University in Japan and, during the summer, at the British University of Central Lancashire.

James Strancel holds an M.A. in French literature from the University of Wisconsin, Madison. In the past fourteen years, he has taught at major universities in the United States and France. In addition, he has contributed to the development of several McGraw-Hill French textbooks, including *C'est ça!* and *Rendez-vous.* He presently teaches French at the community college and high-school levels, and he divides his time between the United States, Montreal, and the South of France.

Ecouter pour s'exprimer

Chapitre Préliminaire

Pour commencer

Tiens, salut! Ça fait longtemps!

Faire connaissance

A D'abord, votre professeur va vous montrer comment on se serre la main à la française. Ensuite, tout le monde va se lever et circuler. Votre but (*objective*) est d'aborder (*approach*) un minimum de cinq personnes et de vous présenter comme dans le modèle. Tendez (*Extend*) la main en vous présentant.

MODELE: —Bonjour. Je m'appelle (Christophe) et je suis (étudiant en mathématiques). Et vous?
—Je m'appelle (Christine) et je suis (étudiante en langues étrangères).
—Enchanté, mademoiselle/madame.
—Enchantée, monsieur.

(Vous pouvez changer les mots entre parenthèses.)

B A tour de rôle (*Taking turns*), répondez oralement aux questions suivantes. Notez les réponses de votre partenaire.

1. Comment vous appelez-vous?

____

2. Quel âge avez-vous?

____

3. Où êtes-vous né(e)?

____

4. Qu'est-ce que vous faites dans la vie (*for a living*)? Où travaillez-vous? Travaillez-vous à plein temps ou à temps partiel? Aimez-vous votre travail? Pourquoi?

____

____

____

5. Avez-vous des frères et des sœurs ou êtes-vous enfant unique? Si vous avez des frères et des sœurs, comment s'appellent-ils? Quel âge ont-ils?

____

____

____

6. Comment s'appellent vos parents? Où habitent-ils? Que font-ils dans la vie?

____

____

____

7. Qu'est-ce que vous aimez faire quand vous avez du temps libre?

____

____

____

8. Que faites-vous le week-end pour vous détendre? Pour vous amuser? (Où allez-vous? Avec qui? Qu'est-ce que vous faites?)

____

____

____

9. Pourquoi suivez-vous ce cours? Quels autres cours suivez-vous ce semestre?

____

____

____

10. Avez-vous déjà été en France ou dans un autre pays francophone? Si oui, quand et pendant combien de temps? Quelles impressions en avez-vous conservées?

____

____

____

C Utilisez vos notes pour présenter votre partenaire à la classe réunie.

D Soulignez le mot ou le groupe de mots (*expression*) qui s'applique à vous.

Je suis...

grand(e) / de taille moyenne / petit(e)
mince / fort(e)
musclé(e).

J'ai les cheveux... blonds, bruns, noirs, roux.

J'ai les yeux... bleus, noirs, marron (*brown*), verts.

Je suis...

bavard(e) / taciturne
calme / agité(e)
carnivore / végétarien(ne)
casanier (casanière) (*stay-at-home*)
économe / dépensier (dépensière)
expansif (expansive) / réservé(e)
extraverti(e) / introverti(e)
fier (fière) / modeste
gourmand(e) (*like to eat*) / frugal(e)
intellectuel(le)
optimiste / pessimiste
ordonné(e) / pagailleur (pagailleuse) (*messy*)
prudent(e) / intrépide
sportif (sportive)
travailleur (travailleuse) / paresseux (paresseuse).

E A tour de rôle, décrivez-vous.

F Le représentant (*leader*) de votre groupe va noter le nom d'un personnage célèbre sur un bout de papier. Les autres membres du groupe essaieront de deviner (*guess*) l'identité du personnage en lui posant un maximum de quinze questions. Il faut formuler vos questions de façon à ce que les réponses soient *oui* ou *non*.

MODELE: —Cette personne, est-ce un homme?
—Non.
—Elle est blonde?
—Oui. (etc.)

On sait se débrouiller

Activités à faire en groupes de trois ou quatre personnes:

1. Apportez une photo d'une personne que vous aimez bien (*like*). Décrivez en détail cette personne, puis dites pourquoi vous aimez cette personne. Durée de votre présentation: deux minutes.
2. Décrivez votre meilleur ami (meilleure amie). Dites pourquoi cette personne est votre meilleur ami (meilleure amie). Racontez comment vous avez fait connaissance et comment vous vous êtes lié(e)s d'amitié (*became friends*). Durée de votre présentation: deux minutes.

Activité à faire avec un(e) partenaire:

3. Votre professeur vous distribuera une page publicitaire d'un magazine montrant un mannequin (*model*). D'abord, décrivez l'aspect physique de ce mannequin. Ensuite, essayez d'imaginer la vie du personnage représenté par le mannequin. Eléments à incluire dans votre description: son nom, son âge, sa profession, ses passe-temps, ce qu'il fait pour se détendre, sa vie privée...

UNITE 1

Loisirs

Vivement les vacances!

Une plage du Midi

théâtre
Billet

Chapitre 1

Les sports

Sur les Champs-Elysées: on fête l'arrivée de la flamme Olympique. Que cette flamme ne s'éteigne jamais!

Pour démarrer

A Décrivez en détail ces trois dessins, puis dressez une liste d'au moins trois caractéristiques stéréotypées qu'on attribue souvent aux sportifs. Ensuite, comparez votre liste avec celle de votre partenaire. A votre avis, ces stéréotypes sont-ils justifiés? Pourquoi?

De quoi s'agit-il?

Aperçu

A l'occasion d'une émission éducative pour enfants, le célèbre nageur Philippe Orignan explique les différences entre les sports d'équipes et les sports individuels.

Phrases indicatrices

Voici quelques phrases-clés qu'il faudrait comprendre avant d'écouter l'enregistrement.

1. Les sports d'équipes nécessitent deux équipes distinctes qui s'affrontent afin d'obtenir le meilleur score.
2. Certaines personnes pratiquent un sport individuel seulement pour faire de l'exercice et non pas pour remporter une compétition.
3. Pendant les J.O. (Jeux Olympiques), des individus entrent en compétition au nom d'un pays, faisant ainsi partie d'une équipe nationale.

B Dites si, à votre avis, les sports suivants sont des sports d'équipes ou des sports individuels. Formez une phrase complète par sport.

MODELE: l'escrime (*fencing*) → Je crois que l'escrime est un sport individuel.

DIVERSES REPONSES POSSIBLES

A mon avis
D'après ce que je sais (*As far as I know*)
Il me semble que
Je crois que
} l'escrime est un sport individuel.

1. le basket-ball
2. le cyclisme
3. la course à pied (*running*)
4. la natation
5. le football
6. le karaté
7. le rugby
8. le patinage artistique (*figure skating*)

Avant d'écouter

C Quels sports pratiquez-vous—quand, pour quelles raisons, où et avec qui?

Je fais...

de l'aérobic (*m.*)
du cyclisme
du jogging
du judo
du karaté
de la marche à pied
de la natation
du patin à glace / à roulettes
de la planche à voile
du rollerblade
du ski
du ski nautique / ski de fond

tout le temps.
(presque) tous les jours.
tous les deux jours.
(assez) souvent.
de temps en temps.
une fois par jour / semaine / mois / an.
en été (hiver) (automne).
au printemps.
rarement.

Je pratique ces sports pour...

me détendre.
être en forme.
relever un défi (*challenge*).
maigrir.
me distraire.

Maintenant, répétez à la classe ce que votre partenaire vous a dit.

D Tout le monde se lèvera et circulera. Votre but: interroger au moins six personnes sur les sports qu'elles pratiquent. Remplissez le tableau à la page suivante.

MODELE: —Qu'est-ce que vous faites comme sport?
—Moi, je fais de la natation trois fois par semaine (...) Et vous?
—Moi, je...

NOM	SPORT(S)	FREQUENCE (PAR JOUR, SEMAINE, MOIS, AN)
1.		
2.		
3.		
4.		
5.		
6.		

E Répondez aux questions suivantes par des phrases complètes.

1. Citez des sports d'été qu'on pratique dans votre ville. Est-ce que ce sont des sports d'équipes, des sports individuels ou les deux? Est-ce que vous faites quelques-uns de ces sports?
2. Citez des sports d'hiver. En pratiquez-vous?
3. Dans une équipe de football américain, combien de joueurs y a-t-il? Dans une équipe de football canadien? Dans une équipe de basket-ball? Et dans une équipe de base-ball?
4. Préférez-vous les sports d'équipes ou les sports individuels? Pourquoi?
5. Etes-vous inscrit(e) à un club de gym (*health club*)?
   - Oui? A quel club? Depuis combien de temps? Si je ne suis pas indiscret/-crète, est-ce que l'inscription coûte cher? Avez-vous le droit d'inviter des ami(e)s au club?
   - Non? Pourquoi?
6. Faites-vous des poids et haltères (*weightlifting*)? Si oui, combien de fois par semaine?
7. Avant de vous entraîner (*work out*), devez-vous manger? Si, au milieu d'un exercice, vous avez du mal à respirer ou si vous avez le vertige (*become dizzy*), que devez-vous faire?

F A débattre: A notre époque, on dit que les athlètes sont trop payés. Quelques salaires annuels en dollars:

un champion de boxe: 2 millions
un joueur de basket-ball américain: 7 millions
un champion français de course automobile: 1 million

Questions pour animer le débat: Combien gagne… (a) une vedette de cinéma? (b) le président d'un pays? (c) un infirmier (une infirmière)? (d) un professeur de lycée? (e) Combien gagnez-vous?

G Dans l'espace suivant, répondez à cette question: *Pensez-vous que le sport occupe une place trop importante dans notre société ou pensez-vous qu'on n'attribue pas assez d'importance au sport? Pourquoi?*

Stratégie d'écoute

VOCABULAIRE

Lisez les phrases suivantes. Soyez attentif / ive aux mots soulignés.

1. Nathalie s'entraîne six heures par jour afin de représenter la Belgique aux J.O.
2. Jean-Marc s'est cassé la jambe aux sports d'hiver. Par conséquent, il est rentré chez lui plus tôt que prévu (*planned*).
3. Je fais de la natation non pas pour faire de la compétition, mais parce que cela me plaît.
4. Je fais de la musculation trois fois par semaine et, parfois, je fais aussi de la natation.
5. Bien sûr, on peut, si on le veut, faire de la compétition dans les sports individuels.

I Complétez les phrases suivantes.

1. Nous faisons de la gym afin de ______________________________

____.

2. Au bout de six mois de gym et d'aérobic, j'ai perdu cinq kilos. Par conséquent,

____.

3. Pour moi, remporter un match n'est pas important. Si je fais du sport, j'en fais non pas pour ______________________________ mais parce que ______________________________.

4. Je fais du / de la ______________________ ______________

fois par semaine. Parfois, en plus de cela, je fais du / de la ______________.

5. Bien sûr, si tu le veux, tu peux suivre un régime sans faire de sport en même temps, mais ______________________________

______________________________.

ECHANGES

 Répondez oralement aux questions suivantes.

1. A votre avis, une équipe nécessite un minimum de combien de personnes?
2. Quel genre de sport préférez-vous: les sports d'équipes ou les sports individuels? Pourquoi?
3. Si votre équipe préférée de football marque (*scores*) deux buts (*goals*) et que l'équipe adverse en marque trois, laquelle des deux remporte le match? Quelle équipe perd le match?
4. Dans un sport individuel, dans quelles circonstances deux personnes peuvent-elles entrer en compétition?

POUR MIEUX COMPRENDRE

Souvent, une communication orale emploie des formules redondantes pour rendre la communication plus facile à suivre. Comparez:

COMMUNICATION ORALE: Il existe deux genres de sport. Ces deux genres de sport sont les sports individuels et les sports d'équipes.

COMMUNICATION ECRITE: Il existe deux genres de sport: les sports individuels et les sports d'équipes.

Tout en écoutant la cassette, soyez attentif/ive aux groupes de mots suivants:

tels que	en plus de
comme	ces deux genres de sports

Des sports *tels que* (*such as*) la course à pied et la natation sont des sports individuels.

En plus des sports d'équipes, il existe un deuxième type d'activité...

VOUS ETES A L'ECOUTE

Les activités que vous avez faites jusqu'ici vous ont préparé(e) à l'écoute du texte qui va suivre. Maintenant, écoutez.

K (Première écoute). Tout en écoutant, indiquez si, selon le narrateur, les sports représentés ici sont des sports d'équipes (SE) ou des sports individuels (SI). Entourez d'un cercle votre réponse.

1. SE SI

2. SE SI

3. SE SI

4. SE SI

5. SE SI

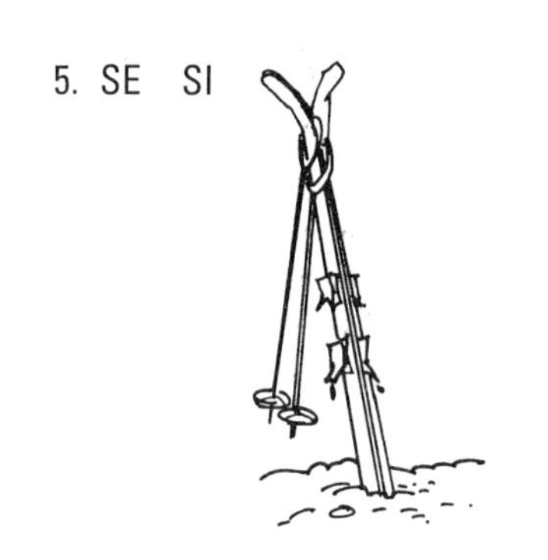

6. SE SI

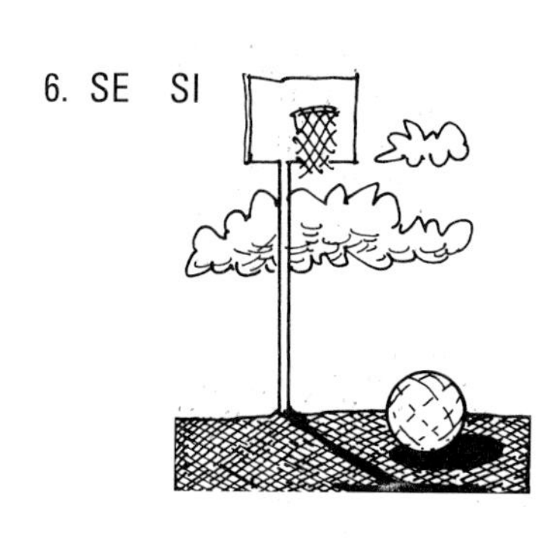

L (Deuxième écoute). Rembobinez la cassette et écoutez le texte encore une fois. Prenez des notes en remplissant les blancs.

1. Deux genres de sports principaux: les sports *d'équipes* et les sports ______________ ______________.

- sports *d'équipes*: *rugby*

  ____

  ____

- sports ______________: ______________

  ____

2. Différences entre ces deux genres de sports.

- sports *d'équipes*: nécessitent deux ______________ distinctes qui s'______________ afin d'obtenir le ______________ ______________.
- sports ______________: on pratique ce genre de sport pour ______________ et non pas pour ______________ ______________.
- une exception: pendant les J.O. des individus font partie d'une ______________ ______________ et entrent ______________ ______________ au nom d'un pays.

3. Principale différence entre ces deux genres de sports:

On peut toujours pratiquer un sport ______________ tout seul alors qu'un sport ______________ nécessite______________ ______________.

Le hockey: on l'aime beaucoup et pas seulement au Canada.

Après avoir écouté

M Sans consulter vos notes, répondez oralement aux questions suivantes.

1. Quelle est la principale différence entre les sports individuels et les sports d'équipes? Donnez des exemples de chaque type de sport.
2. La distinction est-elle toujours aussi nette? Dans quelles circonstances un sport dit «individuel» peut-il être un sport de compétition?

N En partant de vos notes de l'activité L, exposez à tour de rôle les idées principales du texte que vous venez d'entendre.

De la pensée à la parole

Philippe Orignan a écrit cet article pour le magazine «Gym Hebdo». Tout en lisant, essayez de vous imaginer en train de suivre ses indications.

GYM HEBDO

Comment s'y prendre pour faire des pompes

On fait des pompes[1] pour fortifier le corps, plus particulièrement les muscles de la poitrine.

Pour faire des pompes correctement, allongez-vous sur le ventre. Maintenez vos jambes l'une contre l'autre; ne les écartez[2] pas. Tout en restant allongé(e), 5 placez vos mains près de vos épaules, les paumes au sol.

Maintenant, décollez[3] votre corps au sol en poussant sur vos mains pour raidir[4] vos bras qui doivent soutenir votre corps; vos orteils[5] doivent soutenir vos jambes. Ainsi, votre poids repose sur vos bras et vos orteils. Ne descendez pas le ventre. Votre corps doit être bien droit.

10 Ensuite, redescendez lentement, de plus en plus bas vers le sol. Cessez de descendre lorsque votre poitrine touche presque le sol. Autrement dit, cessez de descendre lorsque votre poitrine est à environ un ou deux centimètres du sol.

Remontez immédiatement en poussant à nouveau sur les bras. Chaque fois 15 que vous descendez et remontez, vous avez fait une pompe.

Il faut faire environ dix pompes en une seule séance pour un exercice normal, c'est-à-dire une série de dix pompes.

[1]*push-ups* [2]*spread* [3]*push away* [4]*stiffen* [5]*toes*

O En vous basant sur le texte, mettez les étapes suivantes dans l'ordre.

_______ Tout en restant allongé(e), placez vos mains près de vos épaules, les paumes au sol.

_______ Allongez-vous sur le ventre.

_______ Redressez-vous immédiatement en poussant à nouveau sur les bras.

_______ Poussez sur vos mains pour raidir vos bras.

_______ Maintenez vos jambes l'une contre l'autre; ne les écartez pas.

_______ Redescendez lentement. Cessez de descendre lorsque votre poitrine est à un ou deux centimètres du sol.

P A tour de rôle, dites à votre partenaire comment faire une traction. Facultatif: faites réellement une traction en suivant les indications de votre partenaire.

Q L'une des activités suivantes au choix:

1. Si vous êtes artiste, montrez en cinq dessins comment on fait une traction. Tout en présentant vos dessins à d'autres membres de la classe, vous leur expliquerez comment faire une traction.
2. Imaginez que vous êtes Philippe/Philippine Orignan et que vous animez une émission sportive. Habillé(e) en survêtement (*jogging suit*), tout en commentant chacun de vos mouvements, montrez à vos camarades de classe comment on fait une traction.
3. Une variante de l'activité précédente: faites une vidéo montrant comment on s'y prend pour faire une traction.

On sait se débrouiller

1. Préparez un monologue de deux à trois minutes au cours duquel vous parlerez de vos habitudes sportives. Si vous n'êtes pas sportif/ive, dites pourquoi vous ne l'êtes pas et ce que vous pensez des sportifs en général. Ensuite, vous parlerez de vos passe-temps préférés. Quand vous présenterez votre monologue, essayez de parler sans vous servir de notes.
2. Consultez un ouvrage de référence, puis préparez un topo (*presentation*) sur l'un des sujets suivants:
   - **a.** l'histoire des Jeux olympiques
   - **b.** la vie d'un(e) athlète célèbre
   - **c.** un scandale dans le monde des sports
   - **d.** ??? (à vous de trouver)
3. Voici un jeu de rôles pour deux personnes. Vous, vous adorez faire les courses. Votre compagnon/compagne (*significant other*), lui/elle, aime regarder les émissions sportives. Finalement vous en avez assez! C'est samedi et vous voulez absolument sortir. Pour sa part, votre compagnon /compagne veut rester à la maison: il y a un match important à la télé. Votre but: essayer de convaincre votre conjoint(e) de sortir. Commencez par lui faire du charme et si cela est inefficace, passez aux menaces!

Chapitre 2

La musique

Véronique Sanson, l'une des divas de la musique pop française

Pour démarrer

 Imaginez que vous soyez en France et que vous assistiez à un concert. Décrivez ce que vous voyez, ce que vous entendez, ce que vous ressentez (*feel*). Quelle place la musique occupe-t-elle dans la vie de la plupart des personnes de votre âge? Et dans votre vie? Pourriez-vous vivre dans un monde sans musique? Pourquoi?

 Pendant deux minutes, fermez les yeux et pensez aux paroles (*lyrics*) d'une chanson populaire que vous aimez. Puis, discutez-en avec votre partenaire en répondant à la question suivante: Est-ce que ces paroles reflètent notre époque? Si oui, de quelle manière? Sinon, pourquoi pas?

De quoi s'agit-il?

APERÇU

Le texte que vous allez entendre traite de (*deals with*) différents genres de musique. Vous allez découvrir les origines de chacun de ces genres de musique ainsi que les instruments utilisés pour les jouer.

PHRASES INDICATRICES

Voici quelques phrases-clés qu'il faudrait comprendre avant d'écouter l'enregistrement.

1. La musique classique se rapporte à la musique vocale et instrumentale qui est apparue en Europe il y a quelques centaines d'années.
2. Chaque culture possède sa propre musique traditionnelle et ses propres instruments pour la jouer.
3. Les gigues (*jigs*) et les complaintes (*ballads*) apartiennent à la culture du Québec et de l'Acadie.
4. Plusieurs sortes de musique sont des mélanges de genres, par exemple de musique classique et traditionnelle, de musique classique et de jazz, de rock et de jazz et ainsi de suite.

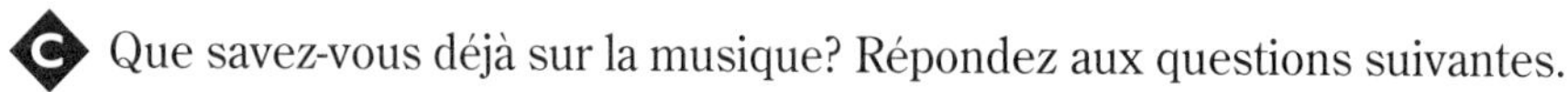

C. Que savez-vous déjà sur la musique? Répondez aux questions suivantes.

1. Dans quels pays a-t-on composé la majeure partie de la musique classique?
2. Pouvez-vous nommer trois ou quatre compositeurs célèbres de musique classique?
3. Pour faire de la musique classique, de quels instruments joue-t-on?
4. Donnez un exemple de musique traditionnelle de votre pays.
5. Décrivez la musique rock. A votre avis, le rock est-il un phénomène américain ou international? Pourquoi?
6. Donnez un exemple de musique qui soit un mélange de genres, par exemple de rock et d'opéra.

Avant d'écouter

D A tour de rôle, exprimez une opinion sur les genres de musique suivants.

MODELE: le rock →
—Qu'est-ce que tu penses du rock?
—Le rock? C'est super!

> *Opinions* (*Indique un style familier):
>
> *favorables* C'est... magnifique, formidable; génial,* super,* géant*
>
> *On n'aime pas forcément, mais...* C'est intéressant, mais je préfère (...). C'est moins intéressant que (...). C'est intéressant, mais ce n'est pas mon truc.*
>
> *défavorables* Ce genre de musique ne me plaît pas (du tout). C'est pénible / bruyant (*noisy*). J'ai horreur de ça! C'est débile (*dumb, stupid*). Ça me rase* (*bores me*) (complètement). Ça m'énerve. Ça me tape sur les nerfs.

1. le (hard) rock
2. le rap
3. la musique de variétés (*easy listening*)
4. la musique pop
5. la musique des années (cinquante)
6. le jazz
7. le blues
8. le country
9. la musique classique
10. l'opéra

E Pour faire une enquête (*poll*), chaque membre de la classe répondra à la question suivante: *Quel genre de musique préférez-vous?* Au fur et à mesure (*As the exercise progresses*), un(e) volontaire inscrira les réponses au tableau.

Dans votre classe, quel est le genre de musique préféré?

F Répondez aux questions suivantes.

1. Quel genre de musique préférez-vous? Pourquoi? Quel genre de musique n'aimez-vous pas du tout? Pourquoi?
2. Quand vous êtes en voiture, écoutez-vous la radio? Quelle station de radio? Ecoutez-vous des cassettes? Lesquelles? En avez-vous beaucoup?
3. En général, écoutez-vous la musique à fond (*turned all the way up*)?
4. Que pensez-vous de la musique qu'on entend dans les ascenseurs et dans beaucoup de centres commerciaux?

G Interviewez un(e) camarade de classe sur ses goûts musicaux dans les situations suivantes. Remplissez le tableau.

Quel genre de musique écoutez-vous...	
quand vous voulez vous détendre?	______________
juste avant de sortir en boîte (*club, disco*)?	______________
le matin, pour vous réveiller?	______________
le soir, pour vous endormir?	______________
quand vous voulez vous sentir cultivé(e)?	______________
quand vous organisez un dîner en tête-à-tête avec la créature de vos rêves? avec votre pire ennemi?	______________
quand vous faites de l'aérobic?	______________
chez le dentiste?	______________

H Complétez les phrases suivantes concernant la musique. Vous pouvez changer les mots entre parenthèses.

1. J'aime le/la ______________________ mais je préfère ______________________.
2. Le/La ______________________, ça va, mais j'aime mieux ______________________.
3. (Jacques Dutronc), il est génial, mais mon chanteur préféré est ______________________.
4. (Vanessa Paradis), elle est super, mais ma chanteuse préférée est ______________________.
5. Berk (*Yuk*)! Comment peut-on aimer ______________________?
6. Le/La ______________________? Je trouve ça débile!
7. Le/La ______________________, oui, je l'aime, mais j'ai une préférence pour ______________________.
8. De tous les chanteurs (francophones), celui que j'aime le plus est ______________________.

Stratégie d'écoute

VOCABULAIRE

I Remplacez les mots soulignés par l'un des mots dans la liste suivante. Récrivez toute la phrase. (Attention: il y aura parfois des changements grammaticaux à prévoir.)

à la mode	environ	provenir de
apparaître (apparu)	la majeure partie de	se rapporter à
auprès de	posséder (je possède)	se servir de

1. Pour écouter un CD, on utilise un lecteur de disques compacts. A la maison, nous avons deux lecteurs de disques compacts. ____________________

____

____________________.

2. Cette musique s'est manifestée dans les années cinquante et elle vient d'Angleterre. Elle est encore populaire, surtout chez les jeunes. ____________________

____

____________________.

3. Un autre type de musique correspond à la musique vocale et instrumentale apparue en Europe il y a quelques centaines d'années. ____________________

____

____________________.

4. Dans cette salle de concert, il y avait à peu près cinq cents personnes. La plupart des auditeurs avaient l'air contents. ____________________

____

J Complétez les phrases suivantes comme dans le modèle.

MODELE: La guitare *est un instrument à cordes.*

Familles d'instruments: les instruments à cordes, les instruments à vent,* les instruments à percussion

1. La flûte ____________________.
2. La trompette ____________________.
3. La contrebasse (*bass*) ____________________.
4. Les timbales (*kettledrums*) ____________________.

ECHANGES

K Répondez oralement aux questions suivantes.

1. En ce moment, quels genres de musique sont à la mode chez les jeunes? Quels tubes (*hits*) joue-t-on à la radio? Quel(le) est le chanteur / la chanteuse le / la plus à la mode?
2. De quel appareil se sert-on pour...
   écouter un CD?
   écouter un disque?
   écouter une cassette?
   enregistrer sa voix?
   regarder une vidéocassette?
3. Avez-vous une discothèque à la maison? Quel genre de disques possédez-vous? Combien de disques environ? Une dizaine? Une centaine?
4. A votre avis, quels genres de musique ou de chansons se rapportent à ces stations de radio françaises? Genres de musique possibles: la musique classique, les variétés (*easy listening*), le rock, les vieux tubes.
   Radio Nostalgie
   NRJ (on prononce «énergie»)
   Radio Classique
   Chérie FM
   France Musique

* Les instruments à vent se divisent en «bois» (la flûte, la clarinette) et en «cuivres» (la trompette, le trombone).

POUR MIEUX COMPRENDRE

Dans le texte que vous allez entendre, on a classé la musique par *genres.* Soyez donc attentif/ive aux expressions telles que *parmi ces genres, on trouve, entre autres...; le premier (deuxième) genre se rapporte à...; un autre genre de musique est...* . Le narrateur va également énumérer les différents instruments (et parfois les familles d'instruments) utilisés pour exécuter ces divers types de musique. Vous auriez donc intérêt à revoir l'activité M avant votre deuxième écoute.

Soyez également attentif/ive à ce qui caractérise chacun des quatre types de musique dont on parle, ainsi qu'à leurs origines.

VOUS ETES A L'ECOUTE

Les activités que vous avez faites jusqu'ici vous ont préparé(e) à l'écoute du texte qui va suivre. Maintenant, écoutez.

L (Première écoute) Tout en écoutant, indiquez si, selon le narrateur, les déclarations suivantes sont vraies ou fausses.

		V	F
1.	Il y a plusieurs types de musique qui se divisent en plusieurs catégories.	❑	❑
2.	La musique classique se rapporte à la musique vocale et instrumentale apparue chez les Grecs et les Romains.	❑	❑
3.	Les Français ont composé la plupart de la musique classique.	❑	❑
4.	La musique «enka» est une musique traditionnelle de l'Afrique du Nord.	❑	❑
5.	Les instruments de musique sont les mêmes d'une culture à l'autre.	❑	❑
6.	Le rock se joue sur un rythme fort.	❑	❑
7.	Le rock a sans doute atteint le continent européen dans les années soixante.	❑	❑
8.	Le jazz est d'inspiration africaine.	❑	❑
9.	Pour jouer du jazz, on utilise toutes sortes d'instruments.	❑	❑
10.	Plusieurs genres de musique sont des mélanges d'au moins deux types de musique.	❑	❑

M (Deuxième écoute) Rembobinez la cassette et écoutez le texte encore une fois. Tout en écoutant, remplissez les schémas suivants.

1. Genre de musique: la musique classique

- origines: ______________________________

  ____
- ce qui caractérise cette musique: ______________________________

  ____
- instruments qu'on associe à cette musique: ______________________________

  ____

2. Genre de musique: la musique traditionnelle
   - origines: ______________________________

     ____
   - ce qui caractérise cette musique: ______________________________

     ____

     ____
   - instruments qu'on associe à cette musique: ______________________________

     ____

3. Genre de musique: le rock
   - origines: ______________________________

     ____
   - ce qui caractérise cette musique: ______________________________

     ____

     ____
   - instruments qu'on associe à cette musique: ______________________________

     ____

4. Genre de musique: le jazz
   - origines: ______________________________

     ____
   - ce qui caractérise cette musique: ______________________________

     ____

     ____
   - instruments qu'on associe à cette musique: ______________________________

     ____

Le Centre Pompidou attire des jeunes du monde entier. Ce musicien, joue-t-il du malouf ou du raï?

Après avoir écouté

N A tour de rôle, utilisez vos notes de l'activité précédente pour faire un exposé oral du texte.

O En partant de la réponse, trouvez la question.

MODELE: On la divise en plusieurs catégories ou groupes.
QUESTION: Qu'est-ce que c'est que la musique?

1. Cette musique se joue sur un rythme fort. De plus, elle est souvent bruyante.
2. Cette musique se rapporte à la musique vocale ou instrumentale européenne.
3. Le son de cet instrument provient de l'air qu'on y souffle.
4. Le blues et l'enka en font partie.
5. Le violon en est un exemple.
6. On a composé cette musique surtout en Europe.
7. On joue de cet instrument en le frappant.
8. Le malouf en est un exemple.
9. Il est sans doute d'inspiration africaine.
10. Sa définition, c'est: «la disposition régulière des sons musicaux».

De la pensée à la parole

Voici un exposé que Véronique Durand a préparé sur un célèbre compositeur français pour son cours de musique. Au lieu de chercher tout de suite les mots nouveaux dans un dictionnaire, essayez d'abord de les comprendre dans leur contexte.

Hector Berlioz et la Symphonie fantastique

Hector Berlioz (1803 – 1869) est le plus grand compositeur romantique français. C'était un orchestrateur de génie, qui a inventé de nouvelles sonorités pour l'orchestre, 5 et ce qu'on appelle «la musique à programme», c'est-à-dire une forme de composition instrumentale qui illustre une histoire.

Sa composition la plus célèbre est la «Symphonie fantastique». C'est une des œuvres 10 les plus jouées par les grands chefs d'orchestre du monde entier, car elle met extraordinairement en valeur toutes les possibilités et toutes les «couleurs» de l'orchestre symphonique. C'est une grand symphonie en cinq 15 mouvements, qui évoque les aventures d'un héros romantique.

Le premier mouvement s'intitule «Rêveries et passions». Il décrit les sentiments amoureux du héros pour une femme représentée par une 20 mélodie appelée «l'idée fixe», qu'on entendra tout au long de[1] l'œuvre. Ces sentiments sont un mélange de tendresse et d'exaltation, merveilleusement rendu par la musique.

Le deuxième mouvement s'intitule «Un 25 bal». Le héros se rend à un bal, où on joue une ravissante valse parisienne, et il y

[1] au... *throughout*

retrouve sa bien-aimée: on entend donc de nouveau «l'idée fixe».

Le troisième mouvement s'intitule «Scène 30 aux champs». Le héros passe un soir d'été à la campagne. Il entend des bergers[2] qui jouent du pipeau.[3] Tout est calme autour de lui. Son cœur s'apaise. Il pense à sa bien-aimée et on entend une fois encore «l'idée fixe». Le ciel se 35 couvre.[4] Le tonnerre gronde au loin; il est évoqué dans l'orchestre par des roulements de timbales. Mais l'orage n'éclate pas. C'est le soir. Le silence revient.

Le quatrième mouvement s'intitule 40 «Marche au supplice[5]». Le héros s'est endormi. Il fait un cauchemar. Il rêve qu'il a tué sa bien-aimée, qu'il est condamné à mort et qu'il est conduit au supplice. L'orchestre fait entendre une marche militaire implacable et 45 terrifiante pendant que le héros monte à l'échafaud.[6] Avant que la guillotine ne lui tranche la tête, il entend une dernière fois «l'idée fixe».

Le cinquième mouvement s'intitule «Songe 50 d'une nuit de sabbat». Le cauchemar continue. Le héros se voit au milieu d'une troupe de sorcières et de démons et l'orchestre imite leurs cris, leurs gémissements,[7] leurs éclats de rire méchants. La bien-aimée elle-même est 55 devenue une sorcière qui participe à la ronde infernale, et la mélodie de «l'idée fixe» est déformée en un air de danse grotesque. On entend une parodie du «Dies Irae» de la Messe des Morts. Le Dies Irae se mêle aux 60 cris des démons et la symphonie s'achève par un éblouissant fracas.[8]

Avec ce chef-d'œuvre créé en 1830, Berlioz a inventé l'orchestre moderne. D'autres grands musiciens se sont souvenus de ses inventions, 65 en particulier Richard Wagner et certains compositeurs russes comme Modeste Moussorgsky. Berlioz a composé beaucoup d'autres chefs-d'œuvre, mais la «Symphonie fantastique» reste sa création la plus célèbre 70 et la plus originale.

[2]*shepherds* [3]*shepherd's pipe* [4]se... *becomes cloudy* [5]*torture* [6]*scaffold* [7]*groaning* [8]éblouissant... *powerful din*

P En vous basant sur les trois premiers paragraphes du texte, complétez les phrases suivantes.

1. La «musique à programme» est une forme ______________________________

   ______________________________.

2. La «Symphonie fantastique» est une grande symphonie en cinq mouvements qui évoque ______________________________.

3. «L'idée fixe» représente la ______________________________ du héros.

4. On entend «l'idée fixe» ______________________________ de l'œuvre.

Q Racontez brièvement ce qui se passe dans chacun des cinq mouvements de la «Symphonie fantastique».

1er mouvement: ______________________________

____

____

2e mouvement: ______________________________

____

____

3e mouvement: ______________________________

____

____

4e mouvement: ____

____

____

5e mouvement: ____

____

____

Voici une activité facultative. Toute la classe réunie écoutera un mouvement de la «Symphonie fantastique». Avant d'écouter, l'un(e) des étudiant(e)s de la classe présentera le mouvement. Après avoir écouté, vous échangerez vos impressions.

On sait se débrouiller

1. Consultez un ouvrage de référence pour raconter la vie d'un compositeur français célèbre. En voici quelques-uns: Debussy—Dutilleux—Fauré—Ravel—Saint-Saëns—Satie—Rameau—Lully.
2. Faites entendre un chanteur (une chanteuse) de langue française à vos camarades de classe. Si possible, transcrivez la chanson ou donnez-en un résumé. Quelques chanteurs, entre autres: Charles Aznavour—Barbara—Georges Brassens—Jacques Brel—Robert Charlebois—Céline Dion—Yves Duteil—Jacques Dutronc—Serge Gainsbourg—Jean-Jacques Goldman—Juliette Gréco—Laurence Jalbert—Youssou N'Dour—Edith Piaf—Véronique Sanson—Anne Sylvestre—Fabienne Thibeault—Boris Vian—Roch Voisine.
3. Si vous disposez d'une caméra vidéo, filmez un vidéo-clip. Choisissez n'importe quelle chanson française que la «vedette» de votre clip chantera en play-back (*lip sync*).

4. Voici un jeu de rôles pour toute la classe. Un(e) volontaire animera l'émission préférée de tout le monde, «L'invité(e) du plateau». L'invité(e) de cette semaine: une vedette du monde rock qui répond aux questions du public avide de détails sur sa vie privée et sur un récent scandale...

CHAPITRE 3

François Truffaut et le cinéma

Une histoire d'amour?

Pour démarrer

 Répondez oralement aux questions suivantes.

Décrivez en détail ces personnes. A votre avis, quelles qualités faut-il avoir pour être acteur/actrice (un grand réalisateur/une grande réalisatrice [*director*])? Possédez-vous ces qualités?

De quoi s'agit-il?

Aperçu

Ce texte étant un peu plus long que d'habitude, nous l'avons divisé en deux parties.

Dans la première partie, vous allez entendre parler d'un réalisateur français connu dans le monde entier: François Truffaut. Dès son enfance, Truffaut avait une passion pour le «septième art». Adolescent, il fonda un ciné-club et devint critique de cinéma, écrivant pour plusieurs revues spécialisées, y compris la revue prestigieuse, les *Cahiers du cinéma*. Vers la fin des années cinquante, il tourna son premier long métrage (*feature length film*).

Dans la deuxième partie du texte, vous allez vous concentrer sur la carrière cinématographique de Truffaut. On va vous parler de ses sources d'inspiration et des personnes qui ont influencé sa technique. Vous allez apprendre qu'il avait toujours besoin d'expérimenter et d'innover.

Phrases indicatrices

Voici quelques phrases-clés qu'il faudrait comprendre avant d'écouter l'enregistrement.

1. Truffaut estima lui-même qu'à l'âge de 28 ans, il avait vu au moins 3 000 films.
2. Truffaut a été influencé par le cinéma américain des années quarante ainsi que par les œuvres de William Faulkner et les romans noirs de Mickey Spillane.
3. Sur le plan technique, il s'est beaucoup inspiré d'Alfred Hitchcock.

 Les titres suivants se rapportent tous à des films de langue anglaise connus du public français. Cochez d'abord les titres qui vous sont familiers. Ensuite, faites comme dans le modèle.

MODELE: —«Arsenic et vieilles dentelles», ça te dit quelque chose (*does it ring a bell*)?
—Oui, ça me dit quelque chose. C'est un film des années quarante avec Cary Grant. (Non, ça ne me dit rien.)

✓	«Arsenic et vieilles dentelles»	*années quarante;* *Cary Grant.*
	«Beignets de tomates vertes»	
	«la Chatte sur un toit brûlant»	
	«la Couleur pourpre»	
	«le Fugitif»	
	«la Guerre des étoiles»	
	«les Hommes préfèrent les blondes»	
	«la Liste de Schindler»	
	«Madame Doubtfire»	
	«Orange mécanique»	
	«Psychose»	
	«un Tramway nommé Désir»	

Avant d'écouter

C Voici un jeu d'associations de mots. L'un des membres du groupe propose un genre de film; les autres diront un nom de personnage, d'acteur ou de titre de film (s'ils savent le dire en français) qui leur vient aussitôt à l'esprit.

MODELE: un film d'épouvante→
— Je pense à un film d'épouvante.
— Ça me fait penser à Dracula... à Freddy... à «Vendredi treize» (...)

1. un film policier
2. un film «culte»
3. une comédie musicale (*musical*)
4. un film dramatique
5. un film comique
6. un dessin animé
7. un film historique
8. un film d'aventures
9. un film de karaté
10. un western

D Vous êtes la vedette de cinéma de votre choix. Pour parler de votre vie, répondez oralement à tour de rôle aux questions suivantes. Quand vous aurez terminé, votre partenaire essaiera de deviner qui vous êtes.

1. Où habitez-vous? Avec qui? Décrivez cette personne. Décrivez votre maison. Avez-vous une piscine en forme de cœur ou de guitare?
2. Combien de voitures avez-vous? De quelle marque? (Une Rolls? Une Porsche?) Comment s'appelle votre chauffeur?
3. Où faites-vous vos courses?
4. Qui fréquentez-vous?
5. Qu'est-ce que vous faites pour vous distraire? Où passez-vous vos vacances?
6. Qu'est-ce que la presse à sensation (*tabloid*) écrit sur vous? Qu'est-ce que vos enfants écriront sur vous?

E Répondez oralement aux questions suivantes.

1. Allez-vous souvent au cinéma? Combien de films voyez-vous par mois?
2. Quels films avez-vous vus récemment? Avez-vous aimé ces films? Pourquoi?
3. Quels films français ou francophones avez-vous vus? Comment les avez-vous trouvés?
4. Quels acteurs et actrices français connaissez-vous? Décrivez-les. Dans quels films (français ou autres) les avez-vous vus? Qu'est-ce que vous pensez de ces acteurs?
5. Préférez-vous aller au cinéma ou regarder des vidéocassettes chez vous? Pourquoi? Pensez-vous que la télé et les magnétoscopes enlèvent du public au cinéma?
6. Pour vous, un film doublé (*dubbed*) est-il préférable à un film en version originale avec des sous-titres (*subtitles*)? Pourquoi?
7. Quel genre de film préférez-vous? Pourquoi? Quel genre de film n'aimez-vous pas? Pourquoi?
8. Quel est votre film préféré? Pourquoi?
9. Pensez-vous qu'il y ait une vedette de cinéma «immortelle»? Si oui, laquelle?
10. A votre avis, y a-t-il des acteurs ou actrices qui sont à la mode maintenant, mais qui seront oublié(e)s d'ici dix ans (*ten years from now*)? Si oui, lesquel(le)s? Pourquoi?

F Dans l'espace donné, résumez l'intrigue (*plot*) d'un film ou d'une émission de télé que vous avez vu récemment. Dites pourquoi ce film (cette émission) vous a plu ou déplu. Longueur de votre résumé: 100 à 150 mots.

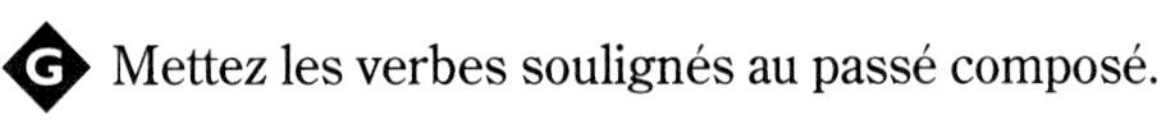

Stratégie d'écoute

VOCABULAIRE

G Mettez les verbes soulignés au passé composé.

1. En vingt-cinq ans, François Truffaut réalisa de nombreux films qui eurent du succès dans le monde entier.
2. Truffaut naquit à Paris dans les années trente. Le cinéma devint très tôt sa passion.
3. A presque 30 ans, Truffaut estima qu'il avait vu un nombre très élevé de films.
4. Il était encore très jeune quand il organisa un ciné-club et qu'il devint critique de cinéma.
5. Il commença par écrire pour une revue célèbre, puis il écrivit régulièrement dans les «Cahiers du cinéma».
6. On lui fit des reproches sur ses critiques, alors il décida d'agir en conséquence.
7. Vers la fin des années cinquante, il tourna son premier film.
8. Ce film obtint des prix et le rendit célèbre dans le monde entier.

REPONSES ECRITES

1. ______________________ 5. ______________________
2. ______________________ 6. ______________________
3. ______________________ 7. ______________________
4. ______________________ 8. ______________________

H Trouvez la définition correspondante.

1. __d__ les années quarante — a. un cinéaste
2. ______ le «roman noir» — b. séparer
3. ______ un réalisateur — c. émouvant, déchirant
4. ______ un romancier — d. de 1940 à 1949
5. ______ se servir de — e. roman policier plein de violence
6. ______ faire la part de — f. quelqu'un qui écrit des romans
7. ______ faire preuve de — g. employer, utiliser
8. ______ poignant — h. montrer

ECHANGES

I A tour de rôle, répondez oralement aux questions suivantes. Notez les réponses de votre partenaire dans le tableau.

1.	Vous devez passer la soirée avec soit un réalisateur de films d'épouvante soit une romancière dont le best-seller s'intitule *Moi par moi-même*. Avec qui choisissez-vous de passer la soirée?	______
2.	Vous devez choisir un livre. Choisissez-vous un roman à l'eau de rose (*sentimental*) ou un roman noir?	______
3.	Vous allez au cinéma. Choisissez-vous un film d'auteur ou un film commercial?	______
4.	Préférez-vous la mode des années soixante-dix, quatre-vingt ou quatre-vingt-dix? Pourquoi?	______
5.	Pour ouvrir une bouteille de soda, vous servez-vous d'un décapsuleur (*bottle opener*) ou de vos dents?	______
6.	Etes-vous davantage séduit(e) par quelqu'un qui fait preuve d'intelligence ou par quelqu'un dont le physique fait tourner les têtes?	______

Maintenant, analysez le caractère de votre partenaire en vous basant uniquement sur ses réponses.

En étant très attentif/ive à la prononciation de votre professeur, prononcez les noms suivants, d'abord comme on les prononce en anglais; ensuite, à la française.

William Faulkner
Mickey Spillane
Alfred Hitchcock
Helen Scott

POUR MIEUX COMPRENDRE

N'oubliez pas: «comprendre» un texte, c'est saisir *juste ce qu'il faut* pour reconstituer un message: rien de plus. Apprenez donc à vous concentrer sur l'*essentiel* d'un message. Pour ce faire, avant d'écouter le texte, jetez un coup d'œil sur les activités K et L. A retenir: si, en écoutant, quelque chose vous échappe, ne vous affolez pas: continuez à écouter. Un instant d'incompréhension ne vous empêchera pas de saisir les grandes lignes (*gist*).

Avant d'écouter, relisez l'activité G, car le passage sur Truffaut, étant essentiellement une biographie, est écrit au passé simple, une forme verbale plutôt littéraire.

VOUS ETES A L'ECOUTE

Les activités que vous avez faites jusqu'ici vous ont préparé(e) à l'écoute du texte qui va suivre. Maintenant, écoutez.

K (Première écoute) Tout en écoutant la première partie du texte, complétez les phrases suivantes.

1. De ____________ à 1984, François Truffaut réalisa ____________ films.
2. Truffaut etait également l'auteur de ______________________________ ______ et, en plus, il fit la critique de nombreuses œuvres pour des ______ ____________________.
3. Il naquit à ____________ en ____________.
4. Dès ____________, alors qu'il avait seulement ______ ans, son plus grand plaisir ____.
5. Adolescent, il ____.
6. On lui reprocha de trop ____ ____________________.
7. En ____________, il tourna son ______________________________ ______________ «Les quatre cents coups».
8. Ce film obtint ____ ______________________________ entier.

L (Deuxième écoute) Tout en écoutant la deuxième partie du texte, remplissez les blancs.

L'ART DE TRUFFAUT

1° Truffaut: influencé par le cinéma américain des années ____________ et par les œuvres de ______________________________ et les ____________________ de Mickey Spillane.

2° Sur le plan technique, il admire le réalisateur anglo-américain ____________ ____________. En collaboration avec Helen Scott il écrit un livre sur lui intitulé ______________________________.

3° Pour Truffaut, le cinéma est un ____________; le cinéaste est comme un ______________: il doit se servir de sa ____________ comme d'un ____________ pour créer une histoire.

4° Les films de Truffaut: pleins de ____________ et de ______________. Truffaut: parfois lyrique, mais il ne tombe jamais dans un ____________ ____________. Il réussit à harmoniser le ____________ et le ____________ et à faire la part de l'______________ et de la ____________.

Après avoir écouté

M Répondez oralement aux questions suivantes.

1. De 1958 à 1984, combien de films Truffaut a-t-il réalisés? Comment le public a-t-il réagi à ses films?
2. Quel était son plus grand plaisir à l'âge de 11 ans? Combien de films avait-il vus à l'âge de 28 ans?
3. Avait-il créé un ciné-club avant ou après être devenu critique de cinéma?
4. Qu'est-ce qu'on lui a reproché? Quelle a été sa réaction devant ces reproches?
5. Nommez deux personnes qui ont influencé Truffaut.
6. Quel type de cinéma Truffaut défendait-il? Pourquoi?
7. Qu'est-ce que Truffaut avait constamment besoin de faire?
8. Qu'est-ce que Truffaut a souvent réussi à faire?

De la pensée à la parole

L'article suivant, tiré d'un guide pour étudiants étrangers vivant en France, vous explique comment consulter un programme de spectacles et ce à quoi vous devez vous attendre (*what to expect*) dans une salle de cinéma.

Aller au cinéma

Vous êtes à Paris et vous voulez voir un film. Dans la capitale, vous avez l'embarras du choix,[1] car il y a beaucoup de salles. Le cinéma est un passe-temps parisien par excellence avec les deux tiers des Parisiens qui vont régulièrement au cinéma!

Avant de choisir votre film et la salle de cinéma la plus proche, achetez un guide des spectacles (cinéma, théâtre, café-concerts, restaurants, etc.) comme *L'Officiel des spectacles* ou *Pariscope*. Ces guides sortent chaque mercredi et vous y trouverez tous les films, les salles où on les donne, l'horaire, le tarif (et les jours et les horaires à tarif réduit).

A retenir: en consultant l'horaire, souvent vous verrez quelque chose du genre «séance 15 h 35, film 25 minutes après». Cela veut dire que, pendant vingt-cinq minutes, on vous montre des bandes-annonces[2] de films qui vont bientôt sortir.

Après, on projette de la publicité. C'est aussi le moment d'acheter une boisson ou des confiseries si vous le désirez, car c'est pendant ces vingt-cinq minutes avant le commencement du spectacle qu'une personne passe dans la salle pour vous en proposer. Quoiqu'on vende du popcorn (salé et sucré) dans de plus en plus de salles de cinéma en France, cette coutume n'est pas tout à fait entrée dans les mœurs[3] du public français qui préfère les crèmes glacées.

Ne vous étonnez pas si, en entrant dans une salle de cinéma, une personne (d'habitude une femme) vient vous placer.[4] Cette personne, c'est l'ouvreuse, et son rôle est de vous indiquer les sièges disponibles. Il convient de lui donner un pourboire d'environ deux francs (car, dans de nombreuses salles, ces personnes ne gagnent que ce que le spectateur veut bien leur donner) et, naturellement, vous avez le droit de choisir un autre fauteuil que celui qu'elle vous propose.

[1] l'embarras... *so much to choose from* [2] *previews* [3] *customs* [4] vous... *to show you to your seat*

N En vous basant sur le texte, répondez aux questions suivantes par des phrases complètes.

1. Pourquoi peut-on dire qu'aller au cinéma est un passe-temps parisien par excellence?

2. Qu'est-ce qu'on trouve dans un guide comme *Pariscope*?

Aller au cinéma est le passe-temps parisien par excellence.

3. Que veut dire «séance 16 h, film 20 mn après»?

4. Qu'est-ce qu'on voit avant le film?

5. Où propose-t-on les confiseries?

6. Quel est le rôle de l'ouvreuse et qu'est-ce qu'il convient de lui donner?

cinéma

Nouveaux films

Va, je ne te hais point! –Film français en couleurs de Gonzague Navé.

Caroline rêve d'amour et d'un petit pavillon de banlieue[1] Bertrand, lui, ne pense qu'à sa liberté, mais il revient toujours jusqu'au jour où... Interdit[2] aux moins de 16 ans. Séances: 15 h 30, 18 h 40, 21 h 30. Film 20 mn. après.

Ce flic, y crèvera jamais, troisième partie. (*This Cop Don't Die, III*). – Film américain de James Lanstrec, vf.[3]

Cary McFlint, super-héros, ses cascadeurs[4] et toute une équipe chargée d'effets spéciaux à vous couper le souffle[5] sont de retour pour (encore une fois!) sauver la ville de Los Angeles. Interdit aux moins de 12 ans. Séances: 15 h, 18 h, 21 h. Film 15 mn. après.

[1]pavillon... *house in the suburbs* [2]*Forbidden* [3]version française [4]*stuntmen* [5]à... *breathtaking*

En vous basant sur les extraits de guide de cinéma, répondez oralement aux questions suivantes.

1. En France, on dîne généralement vers 20 heures. Si vous voulez voir «Va, je ne te hais point!» après le dîner, quelle séance choisissez-vous?
2. Vous voulez voir le dernier film de Gonzague Navé. Vous arrivez dans la salle de cinéma à 21 h 45. Avez-vous manqué le début du film? Pourquoi?
3. Dans le film américain, les acteurs parlent-ils anglais ou français? Comment le savez-vous?
4. A votre avis, que veut dire «interdit aux moins de 12 ans»? Dans votre pays, y a-t-il un système semblable de classement des films? Chez vous, quel serait l'équivalent de «interdit aux moins de 16 ans»?
5. A votre avis, quel est le genre de chacun des deux films?

On sait se débrouiller

1. Consultez un ouvrage de référence et racontez le parcours d'un cinéaste français ou francophone célèbre. Entre autres: Denys Arcand, Robert Bresson, René Clair, Jean-Luc Godard, Agnès Varda, Diane Kurys.
2. Allez voir (ou louer en vidéocassette) un film de Truffaut (ou d'un autre réalisateur de langue française). Résumez l'intrigue du film et dites ce que vous en pensez.
3. Allez voir (ou louer en vidéocassette) un film français et son remake américain. Dites à vos camarades si l'intrigue des deux films est identique; lequel des deux vous préférez et pourquoi. Quelques suggestions: «La femme Nikita» et «Point of No Return»; «Le retour de Martin Guerre» et «Sommersby»; «Trois hommes et un couffin» et «Three Men and a Baby».
4. Jeu de rôles pour deux personnes.

   Votre ami(e), Claude, vous téléphone. Il/Elle vous invite au cinéma demain soir. Claude vous aime beaucoup, mais vous préférez Dominique. Pourtant, vous n'avez rien à faire demain soir et vous acceptez l'invitation de Claude.

   Quelques heures plus tard, Dominique vous téléphone: il/elle voudrait vous emmener voir le même film qu'en principe vous allez voir avec Claude!

   a. Racontez votre dilemme à François(e), votre meilleur ami (meilleure amie). N'oubliez pas de décrire Dominique en détail et de lui dire pourquoi c'est l'homme (la femme) de vos rêves.
   b. Votre ami(e) vous donnera des conseils que vous suivrez.
   c. Le lendemain, au téléphone, vous racontez votre soirée à François(e). (S'est-il passé quelque chose de dramatique? Faites preuve d'imagination!)

Contrôle 1

Vous êtes à l'écoute

Les deux textes de ce **Contrôle** n'ont pas d'activités préparatoires comme dans les trois chapitres précédents. Essayez d'écouter chaque texte et de faire l'activité qui le suit pour évaluer vos progrès.

La musique

Juliette raconte ses goûts musicaux. Tout en l'écoutant, complétez les phrases suivantes.

1. J'aime surtout la ____

   ____________ siècle.
2. Hector ____

   ____________. Je réécoute souvent ________________________

   ____________.
3. Je vois des images ____________________________________

   ____________ car la musique de Berlioz a un extraordinaire pouvoir d'évocation.
4. Quand je suis en voiture, ______________________________________

   ____ comme

   de la musique de ________________________. J'aime particulièrement

   ____

   cinquante.
5. Dans ce cas ____

   ____________________________________ calme.
6. Je n'aime pas beaucoup la ____________________________________

   ____________________________________ mais je reconnais qu'elle est

   bonne pour s'amuser et pour danser.

Le cinéma

Claude aime le cinéma américain et Dominique préfère le cinéma français. Pendant qu'ils discutent de leurs goûts respectifs, remplissez le schéma suivant.

Ce que Claude aime dans le cinéma américain:

1. ____
2. ____
3. ____

Ce que Dominique aime dans le cinéma français:

1. ______________________________

2. ______________________________

3. ______________________________

Raisons pour lesquelles Claude n'aime pas le cinéma français:

1. ______________________________

2. ______________________________

Raisons pour lesquelles Dominique n'aime pas le cinéma américain:

1. ______________________________

2. ______________________________

3. ______________________________

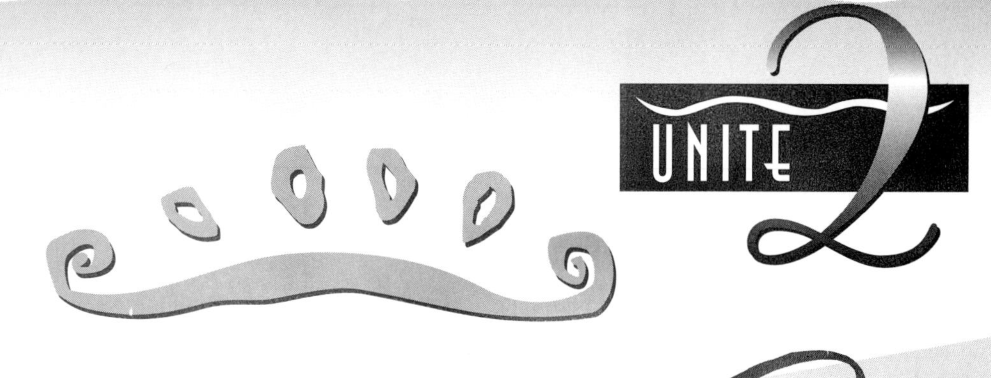

Curiosités

Si on ne l'y trouve pas,

c'est que ça n'existe pas.

5.37x² − 6.03x + 1.17=0
x=6.03 ±
!

CHAPITRE 4

L'espérance moyenne de vie

Que de choses vues!

Pour démarrer

A Grâce aux progrès de la médecine, nous pouvons vivre de plus en plus longtemps. A votre avis, quels seraient les avantages et les inconvénients de vivre aussi longtemps que la femme representée sur la photo?

De quoi s'agit-il?

Aperçu

On va vous parler de l'évolution de l'espérance de vie. En dépit (*In spite*) des massacres des deux guerres mondiales, cette moyenne (*average*) ne cesse d'augmenter depuis le début du siècle, notamment grâce aux progrès de la médecine.

Phrases indicatrices

Voici quelques phrases-clés qu'il faudrait comprendre avant d'écouter l'enregistrement.

1. L'espérance moyenne de vie varie d'un pays à l'autre.
2. Dans de nombreux pays développés, l'espérance moyenne de vie est supérieure à 73 ans.
3. L'hygiène s'est considérablement améliorée et, dans les cinquante ou soixante dernières années, on a mis au point des médicaments efficaces qui peuvent prévenir ou soigner de nombreuses maladies qui, autrefois, étaient mortelles.

B A votre avis, comment la médecine va-t-elle évoluer au cours des cinquante années à venir? Quelles maladies aujourd'hui graves ou mortelles seront curables? Est-ce que ce sera le cas pour tous les pays ou seulement pour les pays «développés»? Pourquoi?

Avant d'écouter

C Indiquez si, pour vous, les domaines suivants sont... (4) très importants; (3) assez importants; (2) pas très importants; (1) pas importants du tout.

	4	3	2	1
a. l'amour				
b. l'argent				
c. les loisirs				
d. la liberté				
e. la réussite professionnelle				
f. la santé				
g. la vie de famille				

Avons-nous oublié un domaine qui vous semble important?

____

____

Maintenant indiquez *pourquoi* ces domaines (ne) sont (pas) importants.

MODELE: Pour moi, les loisirs ne sont pas très importants parce que j'aime beaucoup travailler.

____

____

____

____

____

____

____

D Comparez vos réponses de l'activité précédente. En général, sont-elles semblables ou différentes?

E Un(e) volontaire notera les résultats de l'enquête (activité C) et calculera la moyenne des notes attribuées dans chaque domaine. Par exemple, dans le domaine «santé», si la moyenne est de 3,8 (U.S. 3.8), les membres de la classe considèrent que la santé est très importante.

F A tour de rôle, lisez les dates suivantes.

MODELE: 1 9 96

mil
neuf
cent
quatre-vingt-seize

1347 1534 1661 1760 1776 1789 1804 1867 1939 1992

G Maintenant, dites en quelle année ont eu lieu les événements suivants. Toutes les années de l'activité précédente serviront une fois. Inscrivez la date à la place indiquée. Quand vous aurez terminé, vérifiez vos réponses avec votre professeur.

__________ On signe la Déclaration d'indépendance américaine à Philadelphie.

__________ Le sacre (*coronation*) de Napoléon Ier a lieu.

__________ Jacques Cartier arrive sur les côtes d'Amérique du Nord.

__________ Le règne personnel de Louis XIV commence.

1347 La première Grande Peste (*Plague*) se déclare en Europe.

__________ La Confédération canadienne est adoptée.

__________ La Deuxième Guerre mondiale éclate en Europe.

__________ Le peuple de Paris investit (*storms*) la Bastille, déclenchant ainsi la Révolution française.

__________ Le mur de Berlin est abattu.

__________ La France perd le Canada.

H Toute la classe réunie fera les activités suivantes.

1. Sur un bout de papier, écrivez une série de quatre nombres: par exemple, 42.60.84.72. (Dans votre série, aucun nombre ne doit être inférieur à 40; aucun nombre ne doit être supérieur à 99.)
2. Donnez vos bouts de papier à votre professeur qui choisira quatre ou cinq séries de nombres et vous les lira *une seule fois*. Notez-les ici.

____

____

____

____

____

____

____

3. Maintenant, dites à haute voix la série que vous avez notée. Le professeur l'inscrira au tableau (en corrigeant les erreurs, si nécessaire).
4. Utilisez les séries de nombres qui restent pour faire le jeu de rôles suivant avec le professeur.

Vous êtes dans une cabine téléphonique en France. Vous composez le 12 (le numéro des renseignements téléphoniques) et vous tombez sur un opérateur (une opératrice) *désagréable* (votre professeur) qui vous lit à toute vitesse le numéro de téléphone que vous demandez avant de vous raccrocher au nez (*hang up*). Votre but est de noter correctement le numéro de téléphone.

MODELE: VOTRE PROFESSEUR: Ouais!
VOUS: Bonjour. Je voudrais un numéro à Paris. Maillard, Colin. M-a-i-deux l-a-r-d, Colin.
VOTRE PROFESSEUR: 42.60.45.44.

Chacun demandera le numéro de Colin Maillard. N'oubliez pas d'épeler son nom de famille. Tout le monde notera les numéros de téléphone ici.

____

____

____

____

____

____

____

I Lisez à haute voix les nombres suivants comme dans le modèle.

MODELE: 38,5
VOUS: trente-huit virgule cinq
VOTRE PARTENAIRE: trente-huit et demi

32,5 68,5 74,5 88,5 95,5

Stratégie d'écoute

VOCABULAIRE

 A tour de rôle, lisez les phrases suivantes à haute voix. Soyez attentif/ive aux mots soulignés. S'il y en a que vous ne comprenez pas dans leur contexte, consultez un dictionnaire ou demandez à votre professeur.

1. Dans les pays développés, l'espérance de vie est plus élevée que dans les pays en voie de développement.
2. A notre époque, dans de nombreux pays, l'espérance de vie atteint 80 ans; au dix-neuvième siècle, c'est à peine si elle atteignait 35 ans.
3. Dans les pays développés, l'espérance de vie augmente de décennie en décennie.
4. En moyenne, l'espérance de vie des femmes est supérieure à l'espérance de vie des hommes. Autrement dit, les femmes vivent en général plus longtemps que les hommes.
5. Dans les cinquante dernières années, la médecine et l'hygiène ont fait beaucoup de progrès et on a mis au point des traitements pour prévenir et soigner de nombreuses maladies.

ECHANGES

 Répondez oralement aux questions suivantes.

1. Avant le dix-huitième siècle, dans le monde entier, l'espérance de vie ne dépasse pas 30 ans. Dressez une liste de causes possibles d'une si brève espérance de vie.
2. Pourquoi, à votre avis, l'espérance de vie augmente-t-elle depuis le début du vingtième siècle?
3. Pourquoi, à votre avis, l'espérance de vie varie-t-elle d'un pays à l'autre?

POUR MIEUX COMPRENDRE

La numérotation française au-dessus de (*above*) 69 peut vous dérouter. Un conseil: lorsque vous entendez un nombre qui commence par *soixante-* ou *quatre-vingt-*, n'écrivez rien avant d'entendre tout le nombre. Par exemple, le nombre en question est *98*. Quand vous entendez «quatre-vingt-», ayez le réflexe suivant: quatre-vingt- *quoi*? C'est ici que vous faites une pause pour entendre la suite: dix-huit. Vous devez donc inscrire d'abord un *9* et non un *8* (comme, par exemple, pour *quatre-vingt-huit*).

VOUS ETES A L'ECOUTE

Les activités que vous avez faites jusqu'ici vous ont préparé(e) à l'écoute du texte qui va suivre. Maintenant, écoutez.

 (Première écoute) Tout en écoutant le texte, complétez la grille en indiquant l'évolution de l'espérance moyenne de vie en France depuis 1900. Nous avons déjà donné la première moyenne, 46 ans, pour l'année 1900.

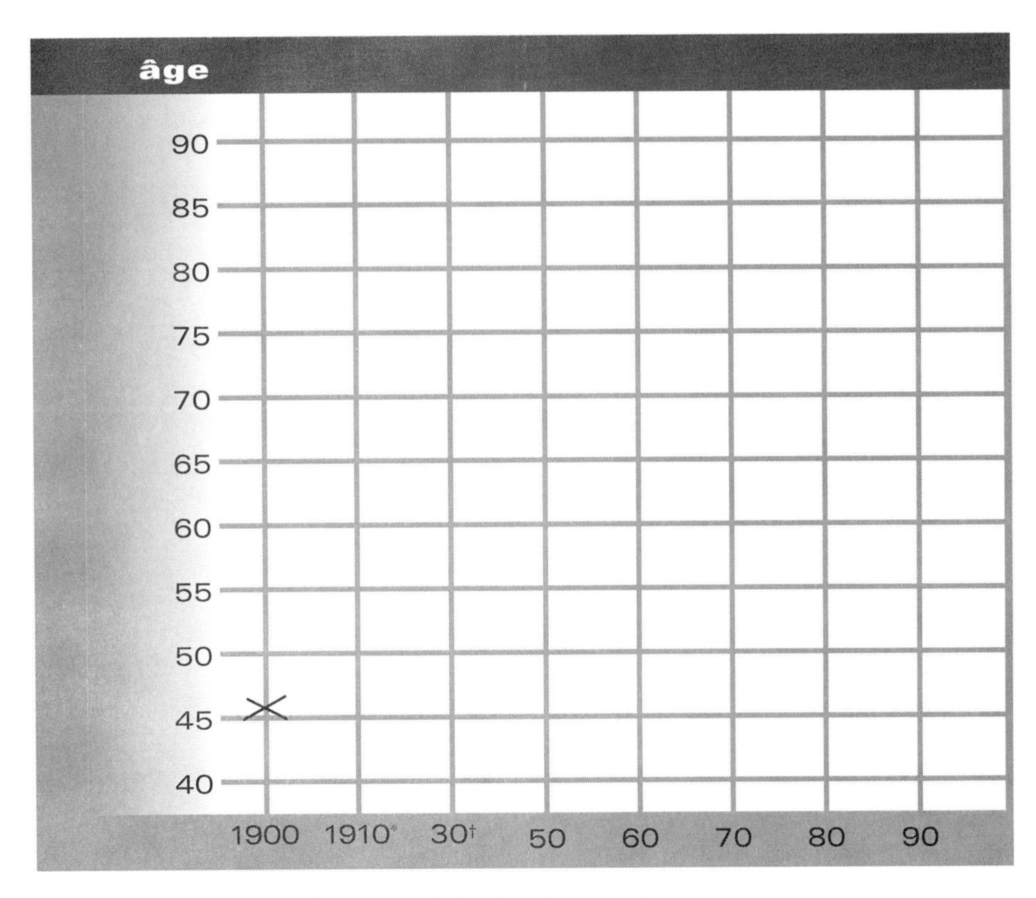

*1914–1918: Première Guerre mondiale †1939–1945: Deuxième Guerre mondiale

M (Deuxième écoute) Avant d'écrire, rembobinez la cassette et écoutez le texte encore une fois. Puis, transcrivez le passage indiqué.

Par exemple, en 1900, elle était de 46 ans; en 1910, de ____________________

____

____

____

____

____

la durée moyenne de vie atteignait 77 ans.

Après avoir écouté

N Répondez oralement aux questions suivantes.

1. Pourquoi l'espérance de vie n'est-elle pas la même dans tous les pays?
2. Quelle était la durée moyenne de vie en France en 1900? en 1930? en 1950? en 1970? en 1990? De combien la durée moyenne de vie a-t-elle augmenté pendant les quatre-vingt-dix dernières années?
3. Donnez deux raisons de l'accroissement de l'espérance de vie dans les pays développés.

De la pensée à la parole

Arlette Jouvence a fait paraître cet article sur la santé des Français dans un numéro récent du magazine *Table Internationale*.

La crise de foie[1]

Les Français aiment beaucoup se réunir autour d'une table. Les repas sont pour eux des moments importants de la vie sociale, familiale ou professionnelle. En France, et surtout à Paris, les affaires se traitent[2] souvent au restaurant. Les «déjeuners d'affaires» durent deux ou trois heures, et comportent[3] de nombreux plats arrosés de[4] bon vin, précédés d'un apéritif et suivis d'un digestif. Celui ou celle qui invite pense ainsi mettre de bonne humeur son interlocuteur et obtenir plus facilement une affaire[5] ou un contrat.

Cependant, si on mange ou on boit trop, on ressent[6] parfois un malaise que les Français appellent une «crise de foie». Lorsqu'on a une crise de foie, on a mal à la tête, on a la langue pâteuse[7] et on a des nausées. Pour se soigner, il faut faire un petit régime: on mange de la nourriture légère, comme des légumes bouillis, on boit de l'eau minérale et on peut prendre des remèdes naturels, comme des tisanes,[8] du jus de citron avec de l'eau chaude et beaucoup de sucre ou de l'extrait d'artichaut.

Vivre pour manger ou manger pour vivre?

Au bout de deux ou trois jours, on se sent mieux et on peut recommencer à faire de bons repas. La crise de foie est une maladie typiquement française pour laquelle on n'a même pas de nom dans certains autres pays. Le souci[9] que les Français ont de leur foie prouve l'importance qu'ils attachent à la nourriture.

[1] *liver* [2] les... *business is conducted* [3] *involve* [4] arrosés... *washed down with* [5] *"deal"* [6] *experiences* [7] *coated with a film* [8] *herbal teas* [9] *concern*

Répondez aux demandes suivantes par des phrases complètes.

1. Décrivez un déjeuner d'affaires français.

____

____

____

2. En quoi les déjeuners d'affaires diffèrent-ils dans votre pays?

____

____

____

3. Décrivez les symptômes de la crise de foie.

4. Que peut-on faire pour soigner une crise de foie?

5. Comment diriez-vous «crise de foie» dans votre langue?

Vous êtes camarades de chambre. A tour de rôle, donnez-vous des conseils comme dans le modèle. Formez autant de phrases que possible.

MODELE: avoir mal au ventre (s'allonger; ??? [à vous de trouver]) →
—J'ai mal au ventre.
—Il faut t'allonger. (Tu as besoin de t'allonger. Il vaudrait mieux que tu t'allonges. A ta place, je m'allongerais. Tu n'as qu'à [*Just . . .*] t'allonger.)

1. avoir mal à la gorge (sucer une pastille [*lozenge*]; prendre un sirop contre les maux de gorge; boire du thé au citron / un bouillon au poulet; ???)
2. avoir mal à la tête (prendre de l'aspirine; se mettre une compresse froide sur le front; se mettre au lit; ???)
3. avoir mal aux pieds (prendre un bain de pieds; s'asseoir; acheter des chaussures qui ne serrent pas; ???)
4. avoir mal aux dents (aller chez le dentiste; éviter les glaces / les plats trop chauds; ???)
5. avoir mal aux yeux (aller chez l'oculiste; mettre des gouttes [*drops*]; s'allonger dans le noir et fermer les yeux; ???)
6. avoir 38°5 (trente-huit cinq) de fièvre (température normale = 37°C) (???)
7. avoir l'air un peu fatigué (???)
8. avoir une crise de foie (???)

On sait se débrouiller

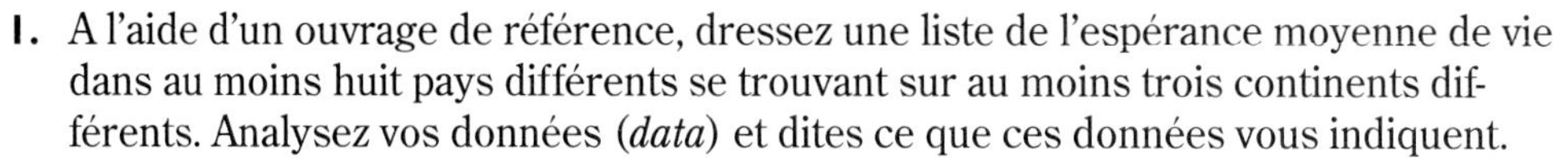

1. A l'aide d'un ouvrage de référence, dressez une liste de l'espérance moyenne de vie dans au moins huit pays différents se trouvant sur au moins trois continents différents. Analysez vos données (*data*) et dites ce que ces données vous indiquent.
2. A discuter par petits groupes. L'espérance de vie risque-t-elle de décroître (*decrease*) face aux menaces telles que le sida (*AIDS*), le virus d'Ebola, l'explosion démographique, un désastre écologique? Ou croyez-vous que, grâce aux progrès médicaux et scientifiques, elle continuera d'augmenter? Au vingt-et-unième siècle, vivra-t-on jusqu'à l'âge de 110 ans? Appuyez votre réponse sur des exemples concrets. (Avant de répondre à ces questions, munissez-vous de statistiques que vous trouverez dans des ouvrages de référence. Par exemple, en ce moment, combien de personnes sont atteintes du sida à travers le monde? Quelles seraient les conséquences d'une explosion démographique? Comment les scientifiques envisagent-ils l'avenir?)
3. Voici un jeu de rôles pour deux personnes. Vous avez tous les deux 45 ans. Votre ami(e) pense se faire faire un lifting (*face lift*) pour avoir l'air «jeune». Qu'est-ce que vous en pensez? Echangez vos idées.

Chapitre 5

La fabrication du chocolat

Ça ne fait pas grossir: ce n'est que de l'air.

Pour démarrer

A Etudiez ces quatre dessins montrant diverses étapes importantes dans la fabrication du chocolat, puis répondez aux questions suivantes.

1. Le cacaoyer (*cocoa tree*) pousse-t-il dans une région tropicale ou une région tempérée?
2. Quelle forme a la cabosse (*cocoa nut*)? Son écorce (*skin*) est-elle épaisse ou mince?
3. Une fois qu'on a récolté (*harvested*) les graines, où est-ce qu'on les fait sécher (*dry them*)?
4. Quels ingrédients sont nécessaires pour faire du chocolat?

De quoi s'agit-il?

Aperçu

Le récit que vous allez entendre traite de la fabrication du chocolat. Le texte va décrire (1) la récolte des fruits du cacaoyer et l'obtention des graines de cacao; (2) la préparation des graines de cacao; (3) la transformation de ces graines en chocolat.

Phrases indicatrices

Voici quelques phrases-clés qu'il faudrait comprendre avant d'écouter l'enregistrement.

1. L' ingrédient le plus important dans le chocolat est le cacao qui est produit par le cacaoyer.
2. Le fruit du cacaoyer, la cabosse, est un très gros fruit de forme ovale, de couleur orange jaunâtre et il a une écorce très dure et épaisse.
3. Après avoir bouilli, le mélange devient onctueux et, quand le liquide chocolaté refroidit, il durcit.

B Répondez oralement aux questions suivantes par des phrases complètes.

1. Vous arrive-t-il de manger du chocolat? Si non, pourquoi? Si oui, en mangez-vous souvent? En mangez-vous dans les circonstances suivantes:
   - **a.** Si vous avez le cafard (*feeling down*)?
   - **b.** En regardant la télé?
   - **c.** Le matin, en prenant le café?
   - **d.** Le soir, après un bon repas?
2. Chez vous, y a-t-il des bonbons au chocolat à porté de main? Où? Sur une table basse (*coffee table*)? Ailleurs?
3. Peut-être êtes-vous plus ingénieux/euse... Dans ce cas, où cachez-vous vos chocolats? Dans un placard? Sous votre lit? Au frigo? Ailleurs?
4. Quel type de chocolat préférez-vous? Le chocolat noir? Le chocolat au lait? Le chocolat aux noisettes? Le chocolat fourré (*creme-filled*)?
5. Aimez-vous la crème au chocolat? La mousse au chocolat? Les gâteaux au chocolat? Dans quel restaurant, café ou pâtisserie de votre ville sert-on les meilleurs desserts au chocolat?
6. Des gourmands terroristes vous kidnappent. Ils veulent bien vous libérer à une seule condition: que vous inventiez le meilleur dessert au chocolat du monde. Alors, quel dessert inventez-vous et comment l'appelez-vous? (Faites preuve d'imagination. Votre vie en dépend!)

Avant d'écouter

C Un représentant (*leader*) du groupe va lire les affirmations suivantes. Si l'affirmation vous semble juste, dites: «Vous avez sans doute (*probably*) raison.» Si l'affirmation vous paraît fausse, dites: «Vous essayez de me faire marcher (*pull my leg*).»

1. Les citrons poussent dans un arbre qui s'appelle le citronnier.
2. Les citrouilles (*pumpkins*) poussent dans un arbre qui s'appelle le citrouillier.
3. La fabrication du chocolat requiert seulement deux ingrédients: des graines de cacao et du sucre.
4. On pêche (*fish for*) les diamants au fond de la mer.
5. Jaunâtre, ça veut dire «d'un jaune sale».
6. En Suisse où, selon certains, on fait le meilleur chocolat du monde, on nourrit les vaches au cacao pour qu'elles donnent du lait chocolaté.

D Le concours du meilleur mensonge. Dans l'espace donné, essayez d'inscrire un mensonge «convaincant». Votre mensonge ressemblera aux affirmations fausses de l'activité précédente. Pour terminer l'exercice, tous les membres de la classe compareront les mensonges et choisiront «le meilleur».

Pour nuancer les couleurs:

vert clair (*light green*)
rouge vif (*bright red*)
rose pâle (*pale pink*)
bleu marine (*navy blue*)
bleu foncé (*dark blue*)

Le suffixe *-âtre* indique une couleur qui ressemble plus ou moins à la couleur indiquée.

rougeâtre = vaguement rouge

Attention: quand une couleur est modifiée par un adjectif, l'accord ne se fait pas.

des cravates vertes, des cravates vert foncé

Quand une couleur est désignée par un substantif, l'accord ne se fait pas.

des chaussettes marron (*chestnut colored, i.e., brown*)
des chemises orange

 Si on pouvait voir les émotions ou les états d'âme (*moods*), de quelle couleur seraient-ils? Indiquez vos réponses et celles de votre camarade de classe dans le tableau suivant.

MODELE: la jalousie →
—De quelle couleur serait la jalousie?
—A mon avis, si on pouvait la voir, elle serait vert foncé. Et toi, qu'est-ce que tu en penses?
—Moi, je crois qu'elle serait plutôt jaune vif.

L'émotion	La couleur (selon vous)	La couleur (selon votre camarade de classe)
la jalousie	*vert foncé*	*jaune vif*
l'amour		
la joie		
la sérénité		
la colère		
la peur		
la tristesse		
la haine		
l'enthousiasme		

F En partant des éléments donnés, décrivez la personne indiquée telle que vous l'imaginez. (Age, apparence physique, caractère, profession, passe-temps, autre chose???)

1. Ségolène: adore le rouge; conduit une voiture de sport rouge vif
2. Alain: aime le style BCBG (bon chic bon genre: *preppy*); affectionne les cravates vert foncé et prend le thé tous les jours à 17 heures
3. Gaston: regarde les matchs de football; a deux flamants (*flamingos*) roses en plâtre et des fleurs en plastique sur son balcon
4. Ahmed: nettoie sa cuisine tous les jours; dans sa salle de séjour tous ses meubles ainsi que ses murs sont blancs
5. Mathilde: promène son chien cinq fois par jour; aime les fleurs bleues

Pensez à un objet que vous saurez décrire dans l'espace donné. Votre description comportera les éléments suivants:

- sa taille: grand(e), de taille moyenne, petit(e)
- son poids: lourd(e), léger/-gère
- sa couleur et, si nécessaire, sa forme: carré(e) (*square*), rectangulaire, rond(e), ovale
- sa consistance: dur(e), mou/molle, onctueux/euse
- la matière dont il est fait: en bois, en métal, en plastique, en céramique, en caoutchouc (*rubber*)
- à quoi il sert (*its function*)

MODELE: un stylo →
Mon objet est petit et léger. Il peut être de toutes les couleurs. Il est en plastique et il sert à écrire.

H Maintenant, décrivez votre objet aux autres membres de votre groupe. Le groupe doit deviner de quoi il s'agit.

MODELE: [Vous lisez votre description du stylo sans dire son nom.]
—C'est un stylo.
—Gagné. Bravo! (Non, ce n'est pas ça. Essayez encore.)

I Le professeur choisira quelques personnes qui décriront leur objet à toute la classe réunie. (Si votre professeur le préfère, il/elle décrira d'autres objets de son choix.)

Stratégie d'écoute

VOCABULAIRE

J A quel fruit correspondent les arbres fruitiers suivants?

MODELE: le citronnier *le citron*

1. le cerisier ____________________
2. le figuier ____________________
3. l'oranger ____________________
4. le poirier ____________________
5. le pommier ____________________

K Formez des verbes en *-ir* comme dans le modèle.

MODELE: jaune > jaunir (= devenir jaune)
mûr > mûrir (= devenir mûr [*to ripen*])
noir > noircir

1. rouge ____________________
2. bleu ____________________
3. brun ____________________
4. dur ____________________

Maintenant, complétez les phrases suivantes par l'un des verbes donnés. Attention à la conjugaison des verbes.

bleuir	mûrir
durcir	refroidir
jaunir	rougir

1. L'écolier a ____________________ de honte quand la maîtresse (*school teacher*) l'a grondé.
2. Quand on met de l'eau au congélateur (*freezer*), d'abord elle ____________________ puis elle ____________________.
3. Mange ce fruit avant qu'il ne ____________________ trop.

4. Au fil des ans, les photos ont________________.
5. Il faut que la petite sorte tout de suite de la piscine, car l'eau est froide. Regarde: ses lèvres ont________________.

L Reconstituez les phrases suivantes à partir des éléments donnés. Récrivez toute la phrase.

MODELE: On / récolter / cabosses / mûr

On récolte des cabosses mûres.

1. Pour ouvrir la cabosse, on / la / casser / avec / lourd / instrument / ou / avec / caillou
2. Une fois la cabosse ouverte, on / enlever / graines de cacao
3. On / mettre au soleil / graines de cacao / pour que / elles / sécher
4. Quand les graines ont complètement séché, on / les / broyer
5. Ensuite, on / les / mélanger / avec / sucre / et / eau
6. Puis, on / faire bouillir / ce / mélange / jusqu'à ce que / il / devenir / onctueux
7. Enfin, liquide / refroidir, / durcir / et / devenir / la pâte dure qui est le genre de chocolat que nous aimons manger.

ECHANGES

En partant de vos phrases de l'activité précédente, décrivez la fabrication du chocolat. L'un(e) des partenaires décrira les quatre premières étapes; l'autre prendra le relais. N'oubliez pas les petits mots de transition comme *d'abord, ensuite, puis...*

POUR MIEUX COMPRENDRE

Dans ce récit, on décrit un *procédé*. Un procédé se divise en *étapes*. Une série d'étapes qui ont un rapport entre elles est une *phase*. Pour comprendre ce récit, il faut le suivre étape par étape. Après, il faut enchaîner (*link*) les étapes pour voir tout le tableau. C'est le but de l'activité O.

VOUS ETES A L'ECOUTE

Les activités que vous avez faites jusqu'ici vous ont préparé(e) à l'écoute du texte qui va suivre. Maintenant, écoutez.

N (Première écoute) En vous basant sur le récit, indiquez si les déclarations suivantes sont vraies ou fausses.

		V	F
1.	La fabrication du chocolat est un procédé simple.	❑	❑
2.	L'ingrédient le plus important est le sucre.	❑	❑
3.	Le cacaoyer pousse un peu partout dans le monde.	❑	❑
4.	On récolte la cabosse avant qu'elle ne soit mûre, car il faut que les graines de cacao restent amères.	❑	❑
5.	Il est facile d'ouvrir une cabosse.	❑	❑
6.	Le fruit du cacaoyer contient une dizaine de graines de cacao.	❑	❑
7.	Il faut faire sécher les graines de cacao qu'on vient de récolter.	❑	❑
8.	Les graines sèchent en une seule journée.	❑	❑
9.	Les graines rétrécissent (*shrink*) en séchant.	❑	❑
10.	Après le séchage, elles sont prêtes à être consommées.	❑	❑

O (Deuxième écoute) Nous vous donnons les phases (P) et les étapes (E). Rembobinez la cassette et écoutez le texte encore une fois pour détailler les étapes en répondant aux questions.

P1: L'OBTENTION DU CACAO

E1: La cueillette (*picking*) du cacao

De quelle couleur est le fruit mûr? ____________________

Chaque arbre a environ combien de fruits? ____________________

E2: L'ouverture des fruits du cacaoyer

Avec quoi ouvre-t-on les cabosses? ____

____

Pourquoi? ____

Qu'est-ce qui est à l'intérieur de chaque fruit? ______________________________

____

P2: LA PRÉPARATION DES GRAINES DE CACAO

E1: En quoi consiste cette préparation?
Quelles sont les deux choses qu'il faut faire pour préparer les graines?

____

____

P3: LA FABRICATION DU CHOCOLAT

E1: Le mélange des graines de cacao broyées avec d'autres ingrédients

Quels ingrédients? ____________________________

E2: La cuisson (*cooking*)
Pendant combien de temps faut-il faire bouillir ce mélange?

____

Quel goût et quelle consistance a ce mélange une fois qu'il est cuit? ______________________________

E3: Le refroidissement
Qu'est-ce qui se passe quand le mélange refroidit?

____

Après avoir écouté

 Répondez oralement aux questions suivantes par des phrases complètes.

1. A votre avis, la fabrication du chocolat est-elle un procédé «simple»? Pourquoi?
2. Qu'est-ce que c'est qu'un cacaoyer? Où pousse-t-il? Comment s'appelle le fruit du cacaoyer? Décrivez sa forme et sa couleur. Comment est son écorce?
3. Avec quoi ouvre-t-on la cabosse? Décrivez l'intérieur du fruit.
4. Qu'est-ce qu'il faut faire après avoir récolté les graines de cacao? Pourquoi? Pendant combien de temps?
5. Décrivez en détail comment on transforme les graines de cacao en chocolat.

De la pensée à la parole

Ce qui suit est la résumé de la prochaine émission de télévision, «Réponse à tout».

Les perles

Les perles sont de précieuses petites boules blanches. Elles sont produites par des coquillages[1] vivant au fond de la mer que l'on appelle des huîtres.

Toutes les huîtres ne donnent pas de perles. Elles (5) ne peuvent le faire que lorsqu'elles sont irritées ou blessées par du sable. Si un grain de sable pénètre à l'intérieur d'une coquille d'huître, l'huître est souvent blessée, car la rugosité[2] du grain irrite sa peau douce et délicate. Elle tente alors de se défendre en (10) sécrétant un liquide blanc qui ressemble à du lait. Cette substance la protège, mais, après un certain temps, cette substance se solidifie. Petit à petit, une

[1] *shellfish* [2] *roughness*

enveloppe solide se forme autour du grain de sable, et c'est à ce moment-là qu'une perle commence à apparaître. La perle blanche se développe très lentement à
15 l'intérieur de la coquille. En géné-ral, il faut à une huître six ou sept ans pour produire une perle.

Il arrive pourtant à la plupart des huîtres d'avoir du sable dans leur coquille à un moment
20 ou à un autre. Alors, pourquoi ne trouve-t-on des perles que dans quelques-unes? C'est parce que, dans la plu-
25 part des cas, si une huître «avale»[3] du sable, elle finit par le «recracher».[4] C'est seulement si elle ne
30 parvient pas à s'en débarrasser[5] qu'elle sécrète le fluide blanc pour se protéger. En fin de compte, une huître
35 sur mille environ forme une perle d'une façon naturelle. C'est un pourcentage très faible et c'est pour cela qu'on
40 a cherché un moyen de forcer les huîtres à produire artificiellement des perles.

Voici comment les producteurs de perles s'y prennent.[6] Ils commencent par retirer plusieurs centaines d'huîtres de la mer. Ensuite, ils ouvrent toutes les coquilles et
45 ils insèrent un grain de sable sous la peau de chaque huître. Les huîtres sont irritées et essaient aussitôt de se débarrasser du grain de sable, mais parce qu'il est incrusté profon-dément dans leur peau, elles ne peuvent pas le recracher. Finalement, les producteurs
50 remettent les huîtres dans la mer, en un endroit déterminé, où elles vont continuer à vivre. Ils les repêcheront sept ans plus tard. Ils les ouvriront de nouveau une par une: une perle se sera formée dans presque toutes les huîtres, et ils la retireront.

55 La plupart des perles ainsi produites ne sont pas d'assez bonne qua-lité pour être vendues. Elles ont des couleurs et des formes bizarres. Seulement cinq pour cent d'entre elles sont vendables.

[3]*swallows* [4]*spitting back out* [5]s'en... *get rid of it* [6]s'y... le font

Q Mettez dans l'ordre les étapes dans la production des perles.

- les perles produites par les huîtres, d'une façon naturelle

  _______ L'huître se protège: si elle n'arrive pas à «recracher» le grain de sable, elle sécrète un liquide blanc.

  _______ Le grain de sable irrite la peau de l'huître.

  _______ Le liquide recouvre le grain de sable.

  ___1___ Du sable entre à l'intérieur de la coquille d'huître.

  _______ Le liquide se solidifie.

  _______ L'huître tente de «recracher» le sable.

- Les perles produites artificiellement par les hommes

  _______ Le producteur remet les huîtres à la mer.

  _______ Le producteur ouvre les coquilles.

  _______ Le producteur ouvre de nouveau les coquilles et retire les perles.

  ___1___ Le producteur retire les huîtres de la mer.

  _______ Sept ans plus tard, le producteur repêche les huîtres.

  _______ Le producteur insère un grain de sable dans la peau de chaque huître.

Vous êtes le professeur Jean Cérien. Utilisez le texte pour faire votre propre émission de télévision, «Réponse à tout». La question de la journée: Comment obtient-on des perles? Si possible, filmez votre émission à l'aide d'un caméscope (*camcorder*), puis faites-la voir aux autres étudiants de la classe.

Votre émission devra être aussi vivante que possible: pendant que le professeur Jean Cérien commente les différentes étapes, un(e) assistant(e) montrera des dessins (qu'auront faits les artistes de la classe) illustrant chacune des étapes.* Pour que tout le monde participe au projet, vous interromprez votre émission une fois pour montrer trois ou quatre spots publicitaires que les autres étudiants de la classe auront inventés.

On sait se débrouiller

A faire en groupe ou avec un(e) partenaire:

1. Avez-vous un objet-fétiche de votre enfance (une couverture, un ours en peluche [*teddy bear*])? Si oui, apportez-le en cours et décrivez-le aux autres membres de votre groupe.
2. Le professeur distribuera des objets à chaque groupe d'étudiants. Ceux-ci auront cinq minutes pour décrire leur objet dans le détail.

*Si vous manquez d'artistes, quelqu'un peut jouer le rôle d'une huître.

A faire individuellement:

3. Enumérez les étapes nécessaires pour... (a) faire un café; (b) faire un sandwich à la confiture et au beurre de cacahuètes (*peanut butter*); (c) mettre de l'essence dans sa voiture; (d) devenir professeur de français.
4. Voici un jeu de rôles pour deux ou trois personnes. La compagnie aérienne a perdu votre valise. Vous devez décrire en détail l'essentiel du contenu de votre valise.

Chapitre 6

Les plus grandes villes du monde

Montréal, ville où deux mondes se côtoient

Pour démarrer

A Quel «message» illustrent ces dessins? Etes-vous d'accord avec ce «message»? Pourquoi? Pour vous, que représente une grande ville?

1. 2. 3. 4. 5. 6.

De quoi s'agit-il?

Aperçu

Dans la première partie du texte que vous allez entendre, on va vous expliquer pourquoi il est difficile de déterminer la population d'une ville. Puis, on va vous donner une estimation de la population des plus grandes villes du monde en 1990.

Phrases indicatrices

Voici quelques phrases-clés qu'il faudrait comprendre avant d'écouter l'enregistrement.

1. Premièrement, il est difficile de déterminer les limites géographiques d'une ville; deuxièmement, il est difficile d'obtenir des renseignements précis sur la population de toutes les villes du monde pour une même année; et, troisièmement, la population d'une ville peut radicalement changer en très peu de temps.
2. De nos jours, presque toutes les villes sont entourées de banlieues.
3. On peut avoir une assez bonne idée de la population d'une zone urbaine à un moment donné et ce sont ces estimations dont il faut tenir compte.

B Dites si vous êtes d'accord ou pas avec les déclarations suivantes. Justifiez votre réponse.

1. On est constamment en danger dans les grandes villes.
2. Il vaut mieux vivre dans une petite ville que dans une grande ville.
3. Vivre dans un centre-ville coûte très cher.
4. Vivre dans une ville, ça va quand on est jeune et célibataire, mais pour élever des enfants, il vaut mieux vivre en banlieue ou à la campagne.
5. On s'ennuie en banlieue.

Avant d'écouter

C Répondez oralement aux questions suivantes par des phrases complètes.

1. A votre avis, quelle est la plus grande ville d'Amérique du Nord? d'Amérique du Sud? d'Amérique centrale? Quelle est la plus grande ville d'Europe? d'Afrique? d'Asie? d'Australie?
2. Comment définissez-vous le mot *ville*? Est-ce qu'une ville s'arrête à ses limites administratives, ou quand vous parlez d'une ville, est-ce que cela comprend aussi la banlieue?
3. Enumérez les avantages et les inconvénients de vivre... (a) au centre d'une grande ville; (b) en banlieue; (c) à la campagne; (d) loin d'une zone urbaine.
4. Imaginez: une société multinationale vous engage (*hires*). Cette société a des bureaux à New York, à Londres, à Paris, à Abidjan, à Montréal et à Tokyo. Vous pouvez choisir n'importe laquelle de ces villes. Laquelle choisissez-vous? Pourquoi?
5. A votre avis, quelle est la plus belle ville du monde? Pourquoi?
6. Imaginez: la guerre (hélas, nucléaire) vient d'être déclarée. Vous habitez au centre d'une grande ville qui est sans doute ciblée (*targeted*). Que faites-vous?

D A quelle ville associez-vous les éléments suivants?

MODELE: le Sacré-Cœur → Le Sacré-Cœur se trouve à Paris.

Réponses possibles: Athènes, Bruxelles, Genève, Marseille, Montréal, Moscou, Paris, Rome, Venise

l'Avenue des Champs-Elysées
le Biodôme
le Colisée
le Grand Canal
la Grand-Place
le Kremlin
le lac Léman
le Parthénon
la tour Eiffel
le Vieux Port

E Qui suis-je?

MODELE: Je suis la capitale de la France. Qui suis-je? → Vous êtes Paris.

Réponses possibles: L'Arc de Triomphe—le château de Versailles—Montréal—le Louvre—le Sahara—Bruxelles—le mont Blanc—Paris—Saint-Tropez—la Seine—Québec—Tunis

1. Je suis la plus grande ville française. Qui suis-je?
2. Je suis le fleuve qui traverse Paris. Qui suis-je?
3. Je suis la capitale de la Tunisie, sur le golfe de Tunis, un important centre administratif, commercial et industriel. Qui suis-je?
4. Je suis un célèbre monument situé en haut des Champs-Elysées. Qui suis-je?
5. Je suis un musée très célèbre. Autrefois, j'étais une résidence royale. Qui suis-je?
6. C'est Louis XIV qui me fit construire pour réunir sa cour. Qui suis-je?
7. Je suis la deuxième ville canadienne. Je suis traversée par le Saint-Laurent. Qui suis-je?
8. Je suis un immense désert de sable en Afrique. Ma plus grande partie dépend de pays francophones. Qui suis-je?
9. Je suis la capitale de la Belgique—connue pour ma Grand-Place, la dentelle et les chocolats Godiva. Qui suis-je?
10. Je suis une petite ville à la mode sur la Côte d'Azur. Qui suis-je?
11. Je suis une petite ville du Canada connue pour la Citadelle, le Château Frontenac et les plaines d'Abraham. Qui suis-je?
12. Je suis dans les Alpes françaises et je suis le plus haut sommet d'Europe. Qui suis-je?

Prononcez les noms des villes suivantes. Soyez attentif/ive à la prononciation de votre professeur.

Beijing (Pékin)
Bombay
Buenos Aires
Calcutta
Chicago
Delhi
Jakarta
Karachi
Le Caire
Londres
Los Angeles
Manille
Mexico
Montréal
Moscou
New York
Paris
São Paulo
Seoul
Shangaï
Téhéran
Tokyo

Dites dans quel pays se trouve chacune des villes dans la liste suivante.

MODELE: Bombay →
—Où se trouve Bombay?
—Bombay se trouve en Inde.

- villes: Beyrouth—Bombay—Chicago—Delhi—Jakarta—Karachi—Le Caire—Londres—Lyon—Manille—Mexico—Montréal—Moscou—São Paulo—Seoul—Shangai—Téhéran—Tokyo
- pays: *en* Angleterre... Chine, Corée du Sud, Egypte, France, Inde, Indonésie, Iran, Russie; *au* Brésil... Canada, Japon, Liban, Mexique, Pakistan; *aux* Etats-Unis... Philippines

H Vous venez d'hériter de la fortune d'un oncle inconnu. Du coup, vous décidez de tout abandonner et de vous installer dans l'endroit de vos rêves. Dans l'espace donné, décrivez cet endroit. A inclure dans votre description: (a) comment s'appelle et où se trouve cet endroit; (b) comment on y accède (en avion, par le bateau, etc.); (c) son climat; (d) pourquoi cet endroit est un paradis terrestre; (e) deux ou trois phrases personnelles.

I Décrivez oralement votre paradis terrestre sans lire votre texte, si possible.

Stratégie d'écoute

VOCABULAIRE

J Reliez les éléments de la colonne à gauche aux termes correspondants de la colonne à droite.

1. __d__ une agglomération
2. ______ un chiffre
3. ______ les habitants (*m.*)
4. ______ la zone urbaine
5. ______ augmenter
6. ______ déterminer
7. ______ diminuer
8. ______ évoluer
9. ______ d'abord
10. ______ ensuite

a. les personnes qui peuplent un lieu
b. ensemble d'agglomérations entourant une ville
c. 1, 2, 3, 4 (...)
d. une ville et sa banlieue
e. deuxièmement
f. indiquer avec précision
g. devenir plus grand
h. premièrement
i. changer
j. devenir plus petit

K Remplissez les blancs par le mot ou groupe de mots qui convient.

agglomérations
habitants

Il y a de grandes ____________________[1] partout dans le monde, mais quelle ville a le plus grand nombre d'____________________[2]? Cette question peut paraître facile, mais, en réalité, elle ne l'est pas.

banlieue
déterminer
d'abord
zone urbaine
ensuite
augmenter
évoluer
diminuer
renseignements

____________________,[3] il est difficile de ____________________[4] les limites d'une ville. De nos jours, une «ville» est souvent en réalité une vaste ____________________.[5] Autrement dit, lorsqu'on parle d'une «ville», cela veut dire la ville elle-même et sa ____________________.[6] ____________________,[7] il est presque impossible d'obtenir des ____________________[8] sur le nombre d'habitants de toutes les villes du monde pour une même année. De plus, la population d'une ville peut ____________________[9] en très peu de temps, c'est-à-dire qu'elle peut ____________________[10] ou ____________________[11] considérablement d'une année à l'autre.

Vous êtes à l'écoute

Les activités que vous avez faites jusqu'ici vous ont préparé(e) à l'écoute du texte qui va suivre. Maintenant, écoutez.

N (Première écoute) D'abord, lisez les questions qui suivent. Ensuite, dans l'espace donné, prenez des notes en écoutant le texte. Elles vous permettront de répondre aux questions.

1. Pourquoi est-il difficile de dire quelle agglomération est la plus grande du monde?

1° ______________________________

____

____

2° ______________________________

____

____

3° ______________________________

____

____

2. Alors, si cette tâche est tellement difficile, pourquoi l'entreprendre? ______________

____

3. De quoi les exemples suivants sont-ils une illustration? Paris et la région parisienne:

____

Paris et Montréal: ______________________________

____

Jakarta: ______________________________

____

4. En dépit de tout cela, qu'est-ce qui permet de dire quelle est la plus grande agglomération du monde?

____

(Deuxième écoute) Rembobinez la cassette et écoutez le texte encore une fois, puis indiquez si les déclarations suivantes sont vraies ou fausses. Rectifiez toute fausse déclaration dans l'espace donné à la fin de cet exercice.

		V	F
1.	Mexico compte à peu près 10 millions d'habitants.	❑	❑
2.	Au Caire, il y a 14 millions d'habitants environ.	❑	❑
3.	Shanghaï a presque 13 millions d'habitants.	❑	❑
4.	La population de Tokyo est presque aussi élevée que celle de Shanghaï.	❑	❑
5.	Dans le deuxième groupe, les villes ont entre 9 et 10 millions d'habitants.	❑	❑
6.	Dans le troisième groupe, les populations s'échelonnent entre 8 et 9 millions.	❑	❑
7.	Les villes du quatrième groupe ont des populations entre 5 et 6 millions d'habitants.	❑	❑
8.	Paris est moins grand que New York.	❑	❑

Rectifiez ici les fausses declarations.

Shanghaï: Presque 13 millions d'habitants!

Après avoir écouté

P Vous êtes Paulin Leconte. A tour de rôle, expliquez en détail pourquoi il est difficile de comparer des populations urbaines, puis dites pourquoi il faut le faire quand même et ce qui permet de le faire. Si nécessaire, aidez-vous de vos notes, mais, dans la mesure du possible, parlez de mémoire.

De la pensée à la parole

Paulin Leconte s'adresse à un groupe d'étudiants étrangers qui suivent un cours d'été en Touraine (*in the Tours region*). Il parle de la répartition (*distribution*) de la population dans les villes françaises. Voici le texte de son exposé.

Les centres-villes et les banlieues en France

• La France est un vieux pays. Les villes françaises ont donc des quartiers anciens et ce qu'on appelle un «centre historique». Ce centre historique remonte[1] souvent au Moyen Age, et parfois à l'antiquité. C'est là qu'autrefois se concentrait toute la vie citadine,[2] et que les gens habitaient, travaillaient et s'amusaient. De nos jours, les moyens de transport modernes permettent aux gens d'habiter en dehors du centre, en banlieue, et de venir au centre-ville pour y travailler, faire des achats ou aller au spectacle. Certains, cependant, continuent d'habiter au centre.

[1]*dates back* [2]de la ville

• *En général, les logements du centre sont plus chers que les logements de* 10 *banlieue. Dans les banlieues des grandes villes, il y a des quartiers populaires*[3] *et bon marché qu'on appelle des «cités-dortoirs», car les gens ne font qu'y dormir et vont travailler en ville toute la journée. Ces cités sont assez tristes parce qu'elles sont formées de grands immeubles monotones et qu'il y a peu de commerces et d'animation.*

15 • *Mais il y a aussi des banlieues «résidentielles» constituées de belles villas où choisissent d'habiter les gens aisés,*[4] *surtout en province. Cependant, à Paris, où la circulation automobile est difficile, les gens aisés préfèrent habiter au centre, près de leur lieu de travail, même s'ils doivent se contenter d'un petit appartement. Mais Paris est une si belle ville, qui offre tellement d'avantages et de distractions qu'on peut bien faire quelques sacrifices pour y habiter.*

[3] de la classe ouvrière [4] *rich*

Avec un(e) partenaire, comparez la vie urbaine en France à celle de votre pays. Pour faire cela, répondez aux questions suivantes, puis, à partir de vos réponses, rédigez un paragraphe faisant la synthèse de vos réponses.

1. Dans votre pays, beaucoup de villes ont-elles un «centre historique»? Pour les villes qui ont un centre historique, à quel siècle remontent ces centres? ______________

____

____

2. Dans votre pays, en général, où les gens aisés habitent-ils? ______________

____

____

3. Y a-t-il dans votre pays de grands immeubles populaires comme dans les cités-dortoirs françaises? Si oui, les trouve-t-on à l'intérieur ou à l'extérieur des grandes villes?

____

____

4. Dans votre pays, pour quelles raisons vient-on au centre-ville? Après la tombée de la nuit, ces villes sont-elles pleines de monde (comme Paris) ou plutôt désertes? ______

____

____

5. Dans votre pays y a-t-il des personnes qui font des «sacrifices» pour habiter au centre d'une grande ville intéressante? Si oui, dans quelle(s) ville(s)? Quel genre de sacrifices font-ils? ______________

____

Rédigez votre paragraphe ici.

R Mettez-vous avec un autre groupe de partenaires. Comparez vos paragraphes. Etes-vous d'accord? Sinon, qui, à votre avis, a développé ses idées de la façon la plus convaincante?

On sait se débrouiller

1. Consultez un guide touristique d'une ville française ou de la francophonie pour faire un des exposés suivants.
   a. Faites un résumé de l'histoire de cette ville.
   b. Décrivez un itinéraire touristique. Votre itinéraire doit inclure des monuments et des sites à ne pas manquer.
   c. Parlez en détail d'un monument ou d'un site célèbre.
2. Vous avez peut-être visité une ville de la francophonie et vous avez peut-être pris des diapos (*slides*), des photos ou peut-être avez-vous filmé votre visite avec un caméscope. Si c'est le cas, faites-en part à vos camarades de classe. Bien sûr, vous commenterez vos diapos (photos ou votre vidéo) en français.

3. Faites un jeu télévisé semblable à l'activité E («Qui suis-je?»). Pour que tout le monde y participe, il vous faudra inventer une bonne trentaine de questions.
4. Jeu de rôles pour deux personnes. Les personnages: Marc et Christine, fiancés. Le problème: Marc, au chômage (*unemployed*) depuis dix-huit mois, a enfin trouvé un poste, mais dans un coin perdu du pays. Christine, elle, a un bon poste dans la grande ville. Marc veut que Christine quitte son poste pour le suivre. Christine n'est pas d'accord. Marc menace de rompre avec Christine si elle ne le suit pas. A vous de trouver une solution.

Contrôle 2

Vous êtes à l'écoute

Les deux textes de ce **Contrôle** n'ont pas d'activités préparatoires comme dans les trois chapitres précédents. Essayez d'écouter chaque texte et de faire l'activité qui le suit pour évaluer vos progrès.

Une crise de foie

Ce matin, Thomas ne s'est pas levé parce qu'il se sent un peu fatigué. A onze heures, le téléphone sonne. C'est son ami Patrick qui appelle. Patrick s'étonne que Thomas soit encore au lit. Vous allez entendre seulement les explications de Thomas. En vous basant sur le récit, répondez aux questions suivantes.

1. Ce matin, qu'est-ce qui s'est passé à 7h 30? Et à 11 heures?

____

____

____

2. Décrivez les symptômes de Thomas.

____

____

____

3. A-t-il de la fièvre? des douleurs?

____

____

____

4. Où était Thomas hier soir?

____

____

____

5. Quel est le rapport probable entre ce qui s'est passé hier soir et la fatigue de Thomas ?

____

____

____

6. Qu'est-ce que Thomas va faire pour s'en remettre (*get better*)?

____

____

Un avis de chien

Bernard, cadre commercial (*business executive*) habitant dans une petite ville de province, se détend en fin de journée dans son jardin avec son chien Max. Max est un chien peu ordinaire: il sait parler, mais seulement avec son maître.

Pendant que vous écoutez, notez l'essentiel de leur conversation sur une feuille de papier libre. Ensuite, dans l'espace donné, résumez leur conversation. Longueur maximale de votre résumé: 150 mots.

UNITE 3

Modes d'emploi

Un futur ingénieur?

CHAPITRE 7

Comment faire une omelette

Manger, c'est
tout en art.
En réalité, c'est
moins compliqué
que ça n'en a l'air.

Pour démarrer

A Décrivez en détail la photo. Combien de fourchettes y a-t-il? Combien de couteaux? A quoi servent ces couverts (*silverware*)? Combien de verres y a-t-il? Qu'est-ce qu'on sert dans le grand verre? Et dans les petits verres? Pensez-vous que beaucoup de Français mettent la table de cette façon tous les jours? Et vous? Mettez-vous la table de la même manière que sur la photo? Si oui, à quelles occasions?

De quoi s'agit-il?

Aperçu

Une célèbre cuisinière va vous énumérer les étapes et vous indiquer les ingrédients nécessaires pour faire une omelette.

Phrases indicatrices

Voici quelques phrases-clés qu'il faudrait comprendre avant de commencer l'enregistrement.

1. Cassez les œufs et mettez-les dans un bol. Utilisez deux ou trois œufs par personne. Mélangez bien les œufs avec un batteur, un fouet ou une fourchette.
2. Coupez les ingrédients en petits morceaux.
3. Mettez un peu de matière grasse, beurre ou huile, dans une poêle.

B Indiquez si, à votre avis, les déclarations suivantes sont vraies ou fausses. (Les réponses ainsi que des renseignements complémentaires se trouvent à la fin du livre.)

		V	F
1.	La plupart des Français dînent à 18 h 30.	❑	❑
2.	Au Québec, le dîner, qu'on appelle souvent le souper, est servi à 18 h 00.	❑	❑
3.	A table, tous les Français boivent du vin.	❑	❑
4.	Chez le Français moyen (*the average Frenchman*), le régime végétarien est fort à la mode.	❑	❑
5.	En France, si on vous invite à dîner, c'est une bonne idée d'apporter un petit cadeau à la personne qui reçoit. Des fleurs font toujours plaisir à une maîtresse de maison. Un maître de maison aimera toujours une bonne bouteille de vin. Au Québec, une bouteille de vin suffira.	❑	❑
6.	Si vous apportez des fleurs, il faut soit des roses rouges, soit des chrysanthèmes.	❑	❑
7.	En France, si on vous invite à dîner pour 20 heures, cela veut dire qu'en réalité, il ne faut pas sonner à la porte avant 20 h 15.	❑	❑
8.	En France, on ne met pas les coudes sur la table quand on mange.	❑	❑

9.	En France, on met souvent son morceau de pain sur la table, même si ça fait beaucoup de miettes (*crumbs*).	❑	❑
10.	En France, quand on vous tend un plat (*dish*) il vaut mieux prendre une petite portion la première fois, car la politesse veut qu'on en reprenne une deuxième fois.	❑	❑
11.	Pourtant, en général, il ne faut pas se servir une troisième fois. Sinon, vos hôtes risquent de penser que vous n'avez pas assez mangé.	❑	❑
12.	Il faut faire un compliment chaque fois qu'on vous sert un plat.	❑	❑
13.	Pour dire que vous avez assez mangé, vous dites: «Je suis plein(e).»	❑	❑
14.	Au Québec, il est poli d'offrir d'aider à desservir la table et de faire la vaisselle après le repas.	❑	❑

C Qu'avez-vous appris de surprenant en faisant les deux activités précédentes? Dans le tableau suivant, dressez une liste des différences entre votre comportement à table et celui des Français ou des Québécois. Quand vous aurez terminé, formez des groupes de quatre et comparez vos listes.

ICI	EN FRANCE OU AU QUEBEC

Avant d'écouter

D Répondez oralement aux questions suivantes. Divisez la classe en deux groupes: les végétariens et les carnivores.

QUESTIONS POUR LES DEUX GROUPES

1. Allez-vous souvent au restaurant? Combien de fois par semaine? Quels sont vos restaurants préférés? Qu'est-ce qu'on y mange? Comment faut-il s'habiller pour y aller?
2. Aimez-vous la cuisine italienne? mexicaine? chinoise? française? Quelle est votre cuisine préferée? Décrivez votre plat préféré.
3. Combien de fois par jour mangez-vous? Pensez-vous que le petit déjeuner soit un repas important? Pourquoi?
4. Quand on suit un régime amaigrissant, faut-il… (a) compter les calories? (b) éviter les matières grasses (*fat*)? (c) jeûner (*fast*)? (d) boire beaucoup d'eau? (e) autre chose?
5. En France, le déjeuner du dimanche reste une tradition dans de nombreuses familles. Est-ce ainsi dans votre famille? Dans votre région, le repas familial, est-ce la règle ou plutôt l'exception?

QUESTIONS POUR LES CARNIVORES

6. Préférez-vous la viande rouge, la volaille (*poultry*) ou le poisson? Que mangez-vous le plus souvent?
7. Quand vous commandez un steak, comment aimez-vous qu'on le prépare: bleu (*barely cooked*), saignant (*"bloody," i.e., rare*), à point (*medium-rare*), bien cuit (*medium*)?
8. Avez-vous jamais mangé du lapin? (Si oui, avez-vous aimé?)
9. En France et au Québec, on mange de la viande de cheval. En avez-vous jamais mangé? En trouve-t-on dans votre région?
10. Aimeriez-vous goûter les plats français suivants: le pied de cochon? la tête de veau? la langue de bœuf? la cervelle (*brains*) d'agneau? le boudin (*blood sausage*)? Et les plats québécois suivants: les œufs dans le sirop? la poutine (*French fries covered with curd cheese*)? les beignes aux patates (*potato doughnuts*)? Pourquoi?

QUESTIONS POUR LES VEGETARIENS

11. Pourquoi êtes-vous végétarien(ne)? Pour des raisons diététiques, philosophiques ou éthiques? Comment vous croyez-vous différent(e) des gens qui mangent de la viande? Pourquoi?
12. Quels sont les avantages d'un régime végétarien? Y a-t-il également des risques?
13. Décrivez votre plat végétarien préféré. (Quels en sont les ingrédients? Comment prépare-t-on ce plat?)
14. Y a-t-il de bons restaurants végétariens dans la région? Y allez-vous souvent?
15. Qu'est-ce que vous faites dans les situations suivantes?
    a. Vous voyagez en voiture. Il n'y a pas de restaurants végétariens au bord de l'autoroute. Que faites vous quand vous avez faim?
    b. Des amis non-végétariens vous invitent à dîner chez eux.
    c. Votre patron(ne) vous invite. Il/Elle vous sert un steak saignant.
    d. Vous êtes dans un pays où il est difficile de manger végétarien.

E Lisez la recette à haute voix. Soulignez les mots que vous ne comprenez pas. Essayez de trouver leur sens dans le contexte et si cela ne marche pas, consultez un bon dictionnaire... ou un autre groupe.

Mayonnaise

Préparation: 1 minute

1 jaune d'œuf
225g d'huile d'olive
jus de citron
sel, poivre

ail haché
moutarde de Dijon

La mayonnaise est facile à réaliser.

■ D'abord, cassez un œuf.

■ Séparez le jaune du blanc de l'œuf et réservez le blanc d'œuf.

■ Mettez le jaune d'œuf dans un mixer[1]. Ajoutez-y le jus d'un demi citron, du sel et du poivre. Faites tourner dans le mixer à peine 10 secondes.

■ Ensuite, versez continuellement un très mince filet d'huile d'olive dans le mixer jusqu'à ce que la mayonnaise épaississe.

Votre mayonnaise est prête. Si vous le désirez, vous pouvez ajouter à votre mayonnaise soit de l'ail haché[2] soit de la moutarde de Dijon.

[1]*blender* [2]l'ail... *minced garlic*

Ensuite, dans l'espace donné dressez une liste des ingrédients et du matériel nécessaires pour faire de la mayonnaise, puis indiquez les étapes nécessaires.

F Vous vérifierez l'exactitude de l'activité E, puis le professeur (ou un[e] volontaire) fera de la mayonnaise en suivant la recette.

G Tout le monde goûtera la mayonnaise obtenue, puis répondra oralement aux questions suivantes.

1. De quelle couleur est la mayonnaise? Vous attendiez-vous à (*Were you expecting*) un mélange d'une autre couleur et d'une autre consistance?
2. Le goût est-il différent de celui de la mayonnaise «toute faite» qu'on trouve au supermarché? Laquelle préférez-vous: la mayonnaise «toute faite» ou la mayonnaise faite maison?
3. A l'avenir, allez-vous préparer votre mayonnaise vous-même ou allez-vous acheter votre mayonnaise au supermarché?

Stratégie d'écoute

Vocabulaire

H Pour faire cet exercice et celui qui suit, vous avez besoin d'un œuf, d'un récipient (*container*), d'un fouet (*whisk*) ou d'une fourchette et d'un feutre (*felt-tip pen*).

1. Prenez votre œuf, et, à l'aide d'un feutre, dessinez un visage sur la coquille (*shell*). Dessinez des oreilles et des cheveux (sauf si vous voulez une tête chauve).
2. Attribuez un nom à votre œuf, puis racontez la vie de cet œuf.
3. Hélas! Comme c'est le destin de beaucoup de jeunes œufs, le vôtre doit se sacrifier pour contribuer à une omelette. Faites vos adieux à votre œuf, puis donnez-le à votre professeur.

I Votre professeur va préparer le mélange nécessaire pour faire une omelette. Toute la classe réunie lui donnera les ordres suivants.

MODELE: Dites-lui de casser les œufs.
TOUS EN MÊME TEMPS: Cassez les œufs.

1. Dites-lui de mettre les œufs dans un bol.
2. Dites-lui de les mélanger à l'aide d'un fouet ou d'une fourchette.
3. Dites-lui de les mélanger pendant une minute environ.
4. Dites-lui de verser les œufs dans un récipient.
5. Dites-lui de couper des fines herbes en petits morceaux.
6. Dites-lui d'ajouter les herbes au mélange.

Echanges

Répondez aux questions suivantes. Marquez vos réponses dans votre livre. Si vous ne savez pas un mot, cherchez-le dans un dictionnaire.

A votre avis, pour faire une omelette...

1. quels sont les ingrédients nécessaires? ____

   ____
2. quels sont les ingrédients facultatifs? ____

   ____
3. Pour mélanger les œufs, quels ustensiles utilise-t-on? ____________________________

   ____
4. Combien d'œufs par personne faut-il? ______________
5. Pourquoi met-on de la matière grasse dans la poêle (*frying pan*)? ______________

   ____
6. Versez-vous les ingrédients dans la poêle avant ou après y avoir mis les herbes en morceaux? ______________
7. Pour retirer l'omelette de la poêle, vaut-il mieux utiliser une fourchette ou une spatule en inox (*stainless steel*)? ____

Pour mieux comprendre

On va vous raconter comment faire une omelette. Pendant que vous écoutez, notez chaque étape distincte ainsi que les ingrédients et le matériel nécessaires pour la confectionner.

Soyez attentif/ive aux indications de succession dans le temps: *premièrement, deuxièmement, au bout de quelques minutes, quand les deux côtés sont cuits.*

Les activités que vous avez faites jusqu'ici vous ont préparé(e) à l'écoute du texte qui va suivre. Maintenant, écoutez.

K (Première écoute) Tout en écoutant le texte, dressez une liste des ingrédients et du matériel nécessaires pour faire une omelette.

ingrédients: ____

____

____

____

matériel: ____

____

____

____

L (Deuxième écoute) Rembobinez la cassette et écoutez le texte encore une fois. Puis, remplissez les blancs suivants.

Premièrement, ______________________________ dans un bol. Utilisez ______________________________. Mélangez bien les œufs avec un batteur, ______________________________.

Deuxièmement, ______________________________
______________________ à l'omelette. (...)

Troisièmement, ______________________________
______________________ poêle. Allumez la cuisinière et faites chauffer la poêle.

Vous avez besoin de ______________________________
______________________ à la poêle.

Pour réussir un repas, il faut souvent que plusieurs mettent la main à la pâte.

Quatrièmement, ____ la poêle.

Puis ajoutez les autres ingrédients: disposez-les sur le mélange qui commence à durcir.

Au bout de quelques minutes, ____________________ la préparation. (...)

Quand les deux côtés sont cuits __________________________________ de la poêle.

Après avoir écouté

M Rapportez-vous à l'activité J. Relisez vos réponses et, s'il y a des erreurs, rectifiez-les.

N A tour de rôle, expliquez à votre partenaire comment faire une omelette, sans regarder vos notes si possible.

De la pensée à la parole

Dans son nouveau livre, *La cuisine Savoyarde,* Madame de la Fricassée parle des origines de la fondue.

La fondue

Le mot *fondue*, qui provient du verbe *fondre*, est le nom donné à un plat d'origine suisse que l'on cuisine beaucoup en France, surtout dans une région qui s'appelle la Savoie. En France, quand on dit qu'on va «faire une fondue», on pense généralement à une recette particulière, celle de la *fondue savoyarde*.

La plupart des fondues sont des plats traditionnels. Autrefois, les paysans qui habitaient dans les montagnes des Alpes faisaient tout leur pain et tout leur fromage en été et au début de l'automne. Pendant les grands froids de l'hiver, le pain et le fromage durcissaient; et plus ils devenaient durs, moins il était facile de les consommer. Un jour, quelque part en Suisse, quelqu'un a eu l'idée de faire fondre le fromage dans un vin blanc très chaud. Non seulement ce mélange avait un goût agréable, mais on pouvait même y plonger des morceaux de pain dur. Quand on trempait[1] le pain rassis[2] dans la fondue, il devenait mou[3] et très bon à manger.

Au total, il existe plus de vingt recettes différentes pour faire la fondue. Et pourtant, on peut dire que, dans la plupart des cas, ces plats se cuisinent et se mangent de la même manière. On les prépare d'habitude pour au moins quatre personnes. Les invités sont groupés autour d'un petit réchaud[4] sur lequel chauffe une casserole[5] spéciale. Ils trempent des aliments à tour de rôle dans le mélange bouillant à l'intérieur de la casserole, et ils les remuent[6] avec leur fourchette avant de les consommer. Ainsi, les convives[7] font cuire une partie de la nourriture eux-mêmes. La fondue est donc autant une manière de manger ensemble qu'une simple recette. C'est un repas sympathique pour une réunion entre amis, surtout en hiver!

[1] *would dip, would soak* [2] *stale* [3] *soft* [4] *burner* [5] *saucepan* [6] *stir* [7] invités

Répondez aux questions suivantes par des phrases complètes.

1. Quelle est l'origine du mot *fondue*?

____

____

____

2. Dans quelle région de France se trouve la Savoie?

____

____

____

3. En France, à quelle recette pense-t-on généralement quand on parle d'une «fondue»?

____

____

____

4. Racontez l'origine de la fondue.

____

____

____

____

____

5. Combien de recettes différentes de fondue y a-t-il? Qu'est-ce qu'elles ont en commun?

____

____

____

____

6. Pourquoi la fondue est-elle un repas sympathique à faire entre amis?

____

____

____

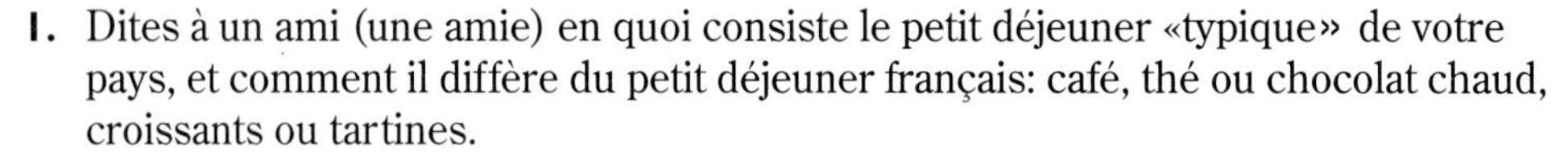

On sait se débrouiller

1. Dites à un ami (une amie) en quoi consiste le petit déjeuner «typique» de votre pays, et comment il diffère du petit déjeuner français: café, thé ou chocolat chaud, croissants ou tartines.
2. Organisez une fête gastronomique interethnique (*multicultural*). Chaque membre de la classe apportera un plat «ethnique». Chacun dira en quoi consiste son plat, comment on le prépare et, si nécessaire, comment il se mange. Ensuite, régalez-vous (*enjoy*)!
3. Apportez des fromages français et, sur une carte de France, montrez la région où l'on produit chaque fromage. Il y aura peut-être des recherches à faire. Ensuite, dégustez (*taste*) les différents fromages.
4. Organisez un repas français en dehors de la salle de classe. Votre repas comportera un hors-d'œuvre, un plat principal, une salade, le plateau de fromages et un dessert. Si vous préférez, remplacez tout par une fondue. Bien sûr, durant tout le repas, vous parlerez français!

CHAPITRE 8

Tours arithmétiques et jeux verbaux

Trouvez la solution en dix secondes!

Pour démarrer

A Décrivez en détail la photo. Comment est le professeur? Quelle matière apprend-on dans ce cours? Reconnaissez-vous quelques-uns des symboles au tableau noir? Lesquels? Etes-vous fort(e) en maths, ou les maths vous font-elles peur? Avez-vous suivi un cours d'algèbre? un cours de géométrie? un cours d'analyse (*calculus*)? Lequel a été le plus difficile? Quelles professions exigent une bonne connaissance des mathématiques? Pensez-vous que, pour avoir votre diplôme, un cours de mathématiques élémentaires devrait être obligatoire ou optionnel?

De quoi s'agit-il?

Aperçu

Dans ce récit, on va décrire un tour (*trick*) simple que vous pouvez faire avec des nombres. Le problème comporte de l'arithmétique simple (additions, soustractions, multiplications et divisions).

Phrases indicatrices

Voici quelques phrases-clés qu'il faudrait comprendre avant de commencer l'enregistrement.

1. Calculez le double du numéro. Autrement dit, multipliez-le par deux. Puis ajoutez cinq au produit.
2. Si vous multipliez 151 par 50, vous arriverez à 7 550.
3. Soustrayez 615 du chiffre que vous venez d'obtenir. Dans notre exemple, 7 941 moins 615 égale 7 326.

B Révision des nombres. Comptez de 1 à 50 deux par deux (2, 4, 6, 8, etc.). Ensuite, comptez de 50 à 100 trois par trois (50, 53, 56, etc.).

C Vous avez remeublé votre salle de séjour. Combien cela vous a-t-il coûté? A tour de rôle, faites comme dans le modèle suivant.

MODELE: cette étagère (785 FF)→
—Combien a coûté cette étagère?
—Elle a coûté sept cent quatre-vingt-cinq francs.

1. ce fauteuil (1 380 FF)
2. ce canapé (2 790 FF)
3. cette table basse (*coffee table*) (915 FF)
4. ce lampadaire (*floor lamp*) (795 FF)
5. ce téléviseur (2 690 FF)
6. cette platine = ce laser et ces deux enceintes (*speakers*) (4 480 FF)
7. ce beau tapis (1 585 FF)
8. ce magnétoscope (3 450 FF)

A combien s'élève le total de vos achats en francs français? ______________ FF

Et dans la monnaie de votre pays? (Votre professeur vous donnera un taux de change approximatif.) ______________

Avant d'écouter

D Reliez les éléments de la colonne A à leur équivalent de la colonne B.

	A	B
1.	_______ $9 + 1$	**a.** huit fois deux
2.	_______ $6 - 4$	**b.** six moins quatre
3.	_______ 8×2	**c.** la racine carrée de neuf
4.	_______ $2 \div 2$	**d.** deux divisé par deux
5.	_______ 6^2	**e.** six au carré
6.	_______ 6^4	**f.** neuf plus un
7.	_______ $\sqrt{9}$	**g.** six à la puissance quatre

E Récrivez les opérations suivantes en utilisant les symboles mathématiques usuels. N'écrivez *pas* les réponses.

MODELE: Combien font huit fois deux?
Réponse écrite: $8 \times 2 =$

1. Combien font neuf plus dix-huit? _______

2. Combien font dix-sept fois quatre-vingt-huit?_______

3. Combien font quatre-vingt-quatorze moins soixante-huit?_______

4. Combien font huit plus dix moins deux, le tout divisé par deux? _______

5. Combien font trois virgule huit moins trois virgule deux? _______

F A tour de rôle, faites les opérations suivantes. (Une personne dicte, l'autre fait les opérations sur une feuille de papier sans regarder le livre.)

1. $8 + 7 =$
2. $9 - 4 =$
3. $19 + 1 - 15 =$
4. $80 \div 2 =$

> Pour indiquer les résultats des opérations usuelles, le français précise:
>
> pour une addition (+), la somme
> pour une soustraction (−), la différence
> pour une multiplication (×), le produit
> pour une division (:), le quotient

Pour parler de la consommation d'essence (*gas mileage*) en France, on indique le nombre de litres qu'il faut pour parcourir (*cover*) 100 kilomètres, alors qu'aux Etats -Unis, on indique la distance que permet de parcourir un gallon (3,8 litres) d'essence.

EXEMPLE: U.S.A.—J'ai une voiture gourmande (*gas-guzzler*). Je fais 12 milles au gallon.

EXEMPLE: (France et Canada)—Ma voiture consomme six litres aux cent [kilomètres]. (D'habitude, on omet le mot *kilomètres.*)

SYNONYMES: le nombre = le numéro = le chiffre
additionner = ajouter

La monnaie française, c'est le franc. Et le franc se divise en 100 centimes.

Le dollar canadien se divise en cent cents (ou sous). Il existe des pièces de 1, 5, 10, 25 cents et d'un dollar.

Pour trouver votre poids en kilos, divisez votre poids en livres par 2,24.

EXEMPLE: Vous pesez 175 livres.
175 : 2,24 = 78,125 kilos

Au Canada, on entend encore de nos jours des gens qui disent «Je mesure cinq pieds dix pouces,» bien que le Canada soit officiellement métrique. En Europe, pourtant, il faut parler en mètres et centimètres.

EXEMPLE: Vous mesurez cinq pieds dix pouces.
5 pieds = 60 pouces (5 × 12 = 60)
60 pouces + 10 pouces = 70 pouces
1 pouce = 2,54 centimètres
70 × 2,54 = 177,8 centimètres
177,8 centimètres = 1,778 mètres

Vous mesurez donc un mètre soixante-dix-sept, presque un mètre soixante-dix-huit!

Et pour trouver votre poids «idéal»? Hélas, à ce sujet, les Français sont impitoyables! En général, il faut peser dix points en-dessous de sa taille.

EXEMPLE: Vous mesurez un mètre soixante-dix-huit.
Votre poids idéal est 68 kilos pour 1 m 78. 1,78 m − 10 = 1,68 m

G Calculs (*Problems*) à faire avec un(e) partenaire ou par groupes. Lisez le texte à haute voix pendant que vous faites les calculs dans les espaces prévus à cet effet. Attention à d'éventuels pièges (*possible traps*)!

1. Inscrivez le numéro 200. Multipliez ce nombre par deux et demi. Additionnez cinq fois trois à ce produit. Quel résultat obtenez-vous?

___

___

___

___

2. Inscrivez le chiffre huit. Divisez huit par deux. Portez le quotient à la puissance trois. Puis trouvez la racine carrée de cette puissance. Quel résultat obtenez-vous?

____

____

____

____

3. Soustrayez 615 à zéro. Ajoutez à cette différence 8 358 fois zéro. Soustrayez de ce produit −615 puis ajoutez à ce nombre mille moins deux mille plus mille. Quel résultat obtenez-vous?

____

____

____

____

4. Inscrivez votre âge que vous multiplierez par dix puis divisez par deux. Vous diviserez le quotient par cinq. Quel résultat obtenez-vous?

____

____

____

____

5. Inscrivez votre poids en kilos. Ensuite, multipliez ce nombre par 50. Soustrayez zéro fois zéro du nombre que vous venez d'obtenir. Divisez le résultat de la soustraction par cent, puis multipliez par deux. Pour finir, multipliez ce dernier produit par 2,2. Quel résultat obtenez-vous?

____

____

____

____

H Sur le modèle de l'exemple suivant, trouvez la solution aux charades (*word games*). Inscrivez votre réponse. Pour vous aider, nous donnons tous les éléments des solutions aux charades.

MODELE: Mon premier est un instrument à vent (= cor).
Mon deuxième n'est pas laid (= beau).
Mon tout est l'oiseau de la fable de La Fontaine trompé par Renard.
Solution: cor + beau = corbeau

ELEMENTS

a	goût	paix
âge	nappe	paon
canne	olé	rage
cou	on	talon
court	pain	un

1. Mon premier est une nourriture de base.
   Mon deuxième m'aide à savourer (*taste*) mon premier.
   Mon troisième est le premier chiffre de la numérotation.
   Mon tout est un oiseau sympathique en habit de soirée qui ne craint pas le froid.

   Solution: ______________________________

   ____

2. Mon premier est la femelle du canard.
   Mon deuxième est la première lettre de l'alphabet.
   Mon troisième est symbolisé par la colombe et le rameau d'olivier (*olive branch*).
   Mon tout est un meuble qu'on trouve dans la salle de séjour.

   Solution: ______________________________

   ____

3. Mon premier est l'oiseau de Junon (*Juno*).
   Mon deuxième est la faiblesse d'Achille (*Achilles*).
   Mon tout est un vêtement que je mets le matin et que j'enlève le soir.

   Solution: ______________________________

   ____

4. Mon premier est un tissu qu'on met sur une table.
   Mon deuxième est le cri des Espagnols pendant les corridas (*bullfights*).
   Mon troisième est le pronom personnel neutre à la troisième personne du singulier.
   Mon tout est un empereur français.

   Solution: ______________________________

   ____

5a. Mon premier se trouve entre la tête et les épaules.
Mon deuxième est une très grande colère ou une maladie grave du chien.
Mon tout est la vertu des guerriers.

Solution: ______________________________

____

5b. Mon premier n'est pas long.
Mon deuxième est ce qu'il est impoli de demander à une dame.
Mon tout est la vertu des guerriers.

Solution: ______________________________

____

I La classe se divisera en cinq groupes. Sans divulguer la solution aux autres groupes, inventez une charade par groupe. Catégories: un vêtement, un meuble, un animal, un personnage historique, une idée abstraite.

Pour trouver une charade:

1. Choisissez un mot de deux syllabes ou plus. (Exemple: corbeau)
2. Découpez-le. Trouvez des mots qui ressemblent aux parties obtenues. (Exemple: cor-beau = cor [ou corps] + beau)
3. Trouvez des définitions amusantes pour chacun de ces mots. (Exemple: Mon premier n'est pas esprit [= corps]. Mon deuxième n'est pas laid [= beau]. Mon tout est l'oiseau de la fable de La Fontaine trompé par Renard.)

J Tous les groupes se réuniront pour jouer aux charades.

K Faites les problèmes (*story problems*) suivants. Montrez comment vous avez trouvé votre solution.

1. Une fermière va vendre trois douzaines d'œufs au marché à 50 centimes pièce (*each*). En chemin, elle en casse sept. Elle vend tout le reste. Combien d'argent a-t-elle gagné?

____

____

____

2. Je prends le bus. Je donne une pièce de dix francs au conducteur. Il me rend une pièce de deux francs, une pièce d'un franc, une pièce de cinquante centimes et une pièce de vingt centimes. Combien coûte le billet?

____

____

____

3. Je vais chez le coiffeur. La coupe coûte 89 francs. Mes cheveux sont un peu fatigués: je demande un traitement qui coûte 37 francs. Pour payer, je donne un billet de 200 francs. Je laisse un pourboire de 20 francs. Combien de monnaie me reste-t-il?

____

____

____

4. Je fête mon anniversaire. J'invite cinq ami(e)s. Nous allons boire du champagne. Chaque bouteille coûte 120 francs. Un billet de 500 francs me suffit pour acheter toutes les bouteilles que je veux. Combien de bouteilles ai-je pu acheter? Chaque bouteille contient six coupes. Combien y aura-t-il de coupes par personne?

____

____

____

5. Hélas, ces douze dernières années, j'ai pris un kilo par an. Chaque fois que je prends quatre kilos, je dois acheter une taille supérieure de pantalon. Il y a douze ans, j'achetais du 38. Quelle taille dois-je acheter à présent? (N.B. La taille, c'est de deux en deux en France: 36-38-40 [équiv. U.S.A.: 26-28-30].)

____

____

____

Si on débouchait une bouteille de plus?

6. Je vais de Montpellier à Marseille. Ma voiture consomme six litres aux cent sur route et dix litres aux cent en ville. L'essence coûte 5 F 50 le litre. Je roule deux heures à 100 km/h (kilomètres-heure) de moyenne sur route et une demi-heure à 40 km/h de moyenne dans les embouteillages de Marseille. Combien m'a coûté l'essence consommée pour ce trajet?

____

____

____

Stratégie d'écoute

VOCABULAIRE

L Pour chaque mot ou groupe de mots, formez une phrase ou donnez un exemple montrant que vous comprenez leur sens. Si nécessaire, consultez un dictionnaire.

MODELES: tour→ Le magicien éblouit les spectateurs avec ses tours de magie.
le résultat de la multiplication: $8 \times 2 = 16$

TERMES MATHÉMATIQUES

additionner
ajouter
calculer
multiplier
soustraire
un chiffre
le double du numéro
le produit
la somme

AUTRES

comprendre (au sens d'*inclure*)
inscrire
une étape
un numéro de domicile
n'importe quel

Ecrivez vos phrases ou vos exemples dans l'espace suivant.

ECHANGES

1. Inscrivez un chiffre entre 500 et 1 000. 2. Choisissez quatre chiffres au hasard (*at random*). 3. Vous devez arriver au résultat voulu, soit en additionnant, soit en soustrayant, soit en multipliant, soit en divisant les quatre chiffres.

Une fois le tour joué, commentez vos opérations.

MODELE: 622 (résultat voulu)
26, 24, 2, 12 (les quatre nombres choisis au hasard)
Solution: $26 \times 24 = 624$; $+ 12 = 636$; $- 2 = 634$; $- 12 = 622$
Commentaire: Vingt-six fois vingt-quatre font six cent vingt-quatre; plus douze font six cent trente-six; moins deux font six cent trente-quatre; moins douze font six cent vingt-deux.

POUR MIEUX COMPRENDRE

Dans ce récit on va décrire un tour simple que vous pouvez faire avec des nombres. Ce tour est à base d'arithmétique simple (additions, soustractions, multiplications et divisions). Tout en écoutant, vous allez suivre des instructions. Par exemple, on vous dira de noter certains nombres, d'additionner, de soustraire et ainsi de suite.

Soyez très attentif/ive aux expressions de succession dans le temps telles que: *premièrement, après cela, puis, la cinquième étape consiste à,* etc.

VOUS ETES A L'ECOUTE

Les activités que vous avez faites jusqu'ici vous ont préparé(e) à l'écoute du texte qui va suivre. Maintenant, écoutez.

N (Première écoute). Tout en écoutant le texte, corrigez le schéma en rectifiant les erreurs (qui sont en italiques).

1. Etapes
   a. Inscrivez le numéro de votre *poids.* ______________________
   b. *Divisez*-le par *trois.* ______________________
   c. Additionnez *quinze* au produit. ______________________
   d. Multipliez par *cinq cents.* ______________________
   Ajoutez *l'âge de votre grand-mère maternelle* au résultat de la multiplication.
   Additionnez le nombre de *semaines dans une année bisextile.*
   Soustrayez 605 du chiffre que vous venez d'obtenir. ______________________
   ____

2. Résultat
   La première partie du nombre est *l'âge* et la deuxième partie du nombre est *l'heure* que nous avons utilisée. ______________________

O (Deuxième écoute) Tout en écoutant le texte, remplissez le schéma suivant.

UN TOUR AVEC LES NOMBRES

Etapes

1. Inscrivez le ______________________.
(exemple: 73)

2. ______________________-le par ______________.
(exemple: 73 × _______ = _______)

3. Additionnez ______________.
(exemple: 146 + _______ = _______)

4. Multipliez par _______________.

   (exemple: _______ × _______ = 7 550)

5. Additionnez ____.

   (exemple: 7 550 + _______ = _______)

6. Additionnez ____.

   (exemple: _______ + _______ = 7 941)

7. Soustrayez _______.

   (exemple: 7 941 − _______ = _______)

Résultat

1. La première partie du nombre représente ______________________ (par exemple 73).
2. La seconde partie du nombre représente ______________________ de la cinquième étape (par exemple 26).

Après avoir écouté

P A faire avec un(e) partenaire ou par petits groupes. Refaites le tour avec d'autres âges et d'autres adresses.

De la pensée à la parole

Dans un numéro (*issue*) de *Champion des Neurones*, Odilon Tétraèdre joue encore un tour avec des nombres.

Le nombre magique

Il existe plusieurs tours que vous pouvez faire avec des nombres. Le résultat du tour décrit ici est le suivant: le nombre trouvé consistera en une suite[1] composée d'un chiffre unique. Même si au début vous pouvez choisir n'importe quel chiffre parmi plusieurs, le résultat du problème sera toujours tel que[2]
5 votre réponse consistera en une suite formée d'un chiffre unique, part exemple 1111111 ou 7777777. Quel que soit[3] le chiffre que vous choisissez, le résultat ne changera pas.

Voici comment faire le tour. Tout d'abord, notez le nombre magique: 12345679. Ce nombre magique est la liste des chiffres de 1 à 9, sauf que le
10 chiffre 8 a été omis. Nous répétons: le nombre magique est 12345679. Inscrivez-le.

Ensuite, choisissez un chiffre entre un et neuf. Vous pouvez choisir n'importe quel chiffre entre un et neuf.

Puis multipliez votre chiffre par 9. Par exemple, si vous avez choisi 7, et si
15 vous multipliez ce chiffre par 9, vous obtiendrez 63. Sept fois neuf égalent 63. Cette valeur (le nombre qui est le résultat de neuf fois votre chiffre) est le facteur magique. Dans notre exemple, le facteur magique est 63.

Enfin, multipliez le nombre magique par le facteur magique. Le résultat de la multiplication de ces deux valeurs est un nombre qui a seulement un chiffre, répété. Le chiffre que vous avez choisi est répété. Donc, si vous avez choisi 7, le résultat de la multiplication du nombre magique par le facteur magique sera un nombre qui consiste en une suite de 7.

[1]*sequence* [2]tel... *such that* [3]Quel... *Whatever*

Q Après avoir lu le texte, répondez aux questions suivantes.

1. Quel est le nombre magique? ____________________

____

2. Après, quel chiffre faut-il choisir? ____________________

____

3. Ensuite, il faut obtenir le «facteur magique». Comment l'obtient-on? ____________________

____

____

4. Que fait-on pour finir? ____________________

____

____

____

R Maintenant, seul(e), avec un(e) partenaire ou par petits groupes, jouez le tour précédent.

Pour démarrer

A Décrivez en détail ces photos. Ensuite, faites le portrait-robot (*profile*) de la famille qui habite une de ces maisons. Aimeriez-vous être l'un des membres de cette famille (ou d'une famille semblable)? Pourquoi? Si vous aviez le choix entre une maison spacieuse en banlieue et un petit appartement en ville, lequel des deux choisiriez-vous? Pourquoi?

De quoi s'agit-il?

APERÇU

Dans ce récit, divisé en deux parties, deux électriciens rencontrent un problème auquel ils trouvent une solution plutôt inhabituelle.

PHRASES INDICATRICES

Voici quelques phrases-clés qu'il faudrait comprendre avant de commencer l'enregistrement.

1. Pendant qu'ils posaient les fils, ils rencontrèrent une difficulté. Le problème: ils devaient faire passer un fil très mince à travers un long tuyau étroit.
2. D'habitude, faire passer un fil à travers un long tuyau n'est pas très difficile, mais ce tuyau n'était pas droit. Il faisait plusieurs coudes et cela compliquait la tâche de faire passer le fil à travers le tuyau.
3. Quand le mâle entendit le cri de la femelle, il s'échappa des mains de Francis et se mit à courir dans le tuyau.

B Vous gagnez à la loterie et, comme vous n'avez plus besoin (ni envie) de travailler, vous décidez de vous installer à Paris où vous pouvez passer le restant de vos jours à vous perfectionner en français. Evidemment, vous avez besoin d'un logement. Comme les maisons individuelles sont rares à Paris, vous allez sans doute louer ou acheter un appartement.

A tour de rôle, décrivez l'appartement de vos rêves. Pour cela, répondez oralement aux questions suivantes.

1. Votre appartement est-il grand ou petit? Combien de personnes peuvent vivre confortablement dans cet appartement?
2. Cet appartement se trouve-t-il dans un immeuble moderne ou dans un immeuble ancien?
3. A quel étage de l'immeuble se trouve l'appartement? Y a-t-il un ascenseur?
4. La vue est-elle belle? Qu'est-ce que vous voyez quand vous regardez par les fenêtres?
5. La cuisine est-elle bien équipée? Décrivez en détail votre cuisine.
6. Comment meublez-vous les autres pièces de votre appartement?

C Dans l'espace suivant, dessinez le plan de votre appartement idéal. (Si votre partenaire et vous avez des idéaux différents, un compromis s'impose.) A inclure obligatoirement dans votre plan: entrée, couloir, cuisine, séjour, chambre, W.-C., salle de bains. (En France, les W.-C. et la salle de bains sont souvent séparés.)

Le nombre magique

Il existe plusieurs tours que vous pouvez faire avec des nombres. Le résultat du tour décrit ici est le suivant: le nombre trouvé consistera en une suite[1] composée d'un chiffre unique. Même si au début vous pouvez choisir n'importe quel chiffre parmi plusieurs, le résultat du problème sera toujours tel que[2] 5 votre réponse consistera en une suite formée d'un chiffre unique, part exemple 1111111 ou 7777777. Quel que soit[3] le chiffre que vous choisissez, le résultat ne changera pas.

Voici comment faire le tour. Tout d'abord, notez le nombre magique: 12345679. Ce nombre magique est la liste des chiffres de 1 à 9, sauf que le 10 chiffre 8 a été omis. Nous répétons: le nombre magique est 12345679. Inscrivez-le.

Ensuite, choisissez un chiffre entre un et neuf. Vous pouvez choisir n'importe quel chiffre entre un et neuf.

Puis multipliez votre chiffre par 9. Par exemple, si vous avez choisi 7, et si 15 vous multipliez ce chiffre par 9, vous obtiendrez 63. Sept fois neuf égalent 63. Cette valeur (le nombre qui est le résultat de neuf fois votre chiffre) est le facteur magique. Dans notre exemple, le facteur magique est 63.

Enfin, multipliez le nombre magique par le facteur magique. Le résultat de la multiplication de ces deux valeurs est un nombre qui a seulement un chiffre, répété. Le chiffre que vous avez choisi est répété. Donc, si vous avez choisi 7, le résultat de la multiplication du nombre magique par le facteur magique sera un nombre qui consiste en une suite de 7.

[1]*sequence* [2]tel... *such that* [3]Quel... *Whatever*

Q Après avoir lu le texte, répondez aux questions suivantes.

1. Quel est le nombre magique? ______________________________

____

2. Après, quel chiffre faut-il choisir? ______________________________

____

3. Ensuite, il faut obtenir le «facteur magique». Comment l'obtient-on? __________

____

____

4. Que fait-on pour finir? ______________________________

____

____

____

R Maintenant, seul(e), avec un(e) partenaire ou par petits groupes, jouez le tour précédent.

On sait se débrouiller

1. Comparez les prix français à ceux de votre pays pour le même article. Par exemple, à l'aide de publicités de magazines, comparez les prix de voitures. Comparez également la présentation de la publicité.

Jeux de rôles pour deux personnes

2. Vous voulez acheter une voiture qui coûte 85.000 FF. Vous voulez payer un maximum de 80.000 FF. Négociez le prix de la voiture avec le/la concessionnaire (*car dealer*) qui n'a pas l'air de vouloir consentir une réduction.
3. Vous êtes en France et vous devez rentrer d'urgence dans votre pays. Vous téléphonez à la compagnie aérienne pour réserver une place sur le prochain vol qui part pour (???). Seulement, quand on vous indique le plein tarif, cela vous horrifie. Essayer de négocier un tarif réduit, en insistant sur l'aspect «urgence».

CHAPITRE 9

Deux souris blanches

Une maison individuelle ou un appartement? Chacun a ses avantages et ses inconvénients.

Cette famille parisienne a l'air unie.

Pour démarrer

A Décrivez en détail ces photos. Ensuite, faites le portrait-robot (*profile*) de la famille qui habite une de ces maisons. Aimeriez-vous être l'un des membres de cette famille (ou d'une famille semblable)? Pourquoi? Si vous aviez le choix entre une maison spacieuse en banlieue et un petit appartement en ville, lequel des deux choisiriez-vous? Pourquoi?

De quoi s'agit-il?

Aperçu

Dans ce récit, divisé en deux parties, deux électriciens rencontrent un problème auquel ils trouvent une solution plutôt inhabituelle.

Phrases indicatrices

Voici quelques phrases-clés qu'il faudrait comprendre avant de commencer l'enregistrement.

1. Pendant qu'ils posaient les fils, ils rencontrèrent une difficulté. Le problème: ils devaient faire passer un fil très mince à travers un long tuyau étroit.
2. D'habitude, faire passer un fil à travers un long tuyau n'est pas très difficile, mais ce tuyau n'était pas droit. Il faisait plusieurs coudes et cela compliquait la tâche de faire passer le fil à travers le tuyau.
3. Quand le mâle entendit le cri de la femelle, il s'échappa des mains de Francis et se mit à courir dans le tuyau.

B Vous gagnez à la loterie et, comme vous n'avez plus besoin (ni envie) de travailler, vous décidez de vous installer à Paris où vous pouvez passer le restant de vos jours à vous perfectionner en français. Evidemment, vous avez besoin d'un logement. Comme les maisons individuelles sont rares à Paris, vous allez sans doute louer ou acheter un appartement.

A tour de rôle, décrivez l'appartement de vos rêves. Pour cela, répondez oralement aux questions suivantes.

1. Votre appartement est-il grand ou petit? Combien de personnes peuvent vivre confortablement dans cet appartement?
2. Cet appartement se trouve-t-il dans un immeuble moderne ou dans un immeuble ancien?
3. A quel étage de l'immeuble se trouve l'appartement? Y a-t-il un ascenseur?
4. La vue est-elle belle? Qu'est-ce que vous voyez quand vous regardez par les fenêtres?
5. La cuisine est-elle bien équipée? Décrivez en détail votre cuisine.
6. Comment meublez-vous les autres pièces de votre appartement?

C Dans l'espace suivant, dessinez le plan de votre appartement idéal. (Si votre partenaire et vous avez des idéaux différents, un compromis s'impose.) A inclure obligatoirement dans votre plan: entrée, couloir, cuisine, séjour, chambre, W.-C., salle de bains. (En France, les W.-C. et la salle de bains sont souvent séparés.)

Avant d'écouter

Mettez-vous par groupes de six (trois couples) pour faire les activités suivantes.

D Comparez vos plans d'appartement (activité C). Quel plan représente l'appartement le plus grand? le plus petit? le plus fonctionnel? le plus original? Lequel des plans préférez-vous? Pourquoi?

E A présent, vous allez participer à un tirage au sort (*drawing lots*). Votre professeur distribuera à chaque groupe une pochette contenant six bouts de papier. Chaque membre du groupe prendra l'un des bouts de papier dans la pochette. La personne qui tire le bout de papier portant une croix (*an "x"*) gagnera. Le/La gagnant(e) jouera le rôle de «Dominique» dans les activités F à H.

F Dominique a gagné à la loterie et il/elle va s'installer à Paris. Il/Elle a besoin d'un appartement et peut dépenser jusqu'à 1 300 000 francs. Les deux appartements suivants l'intéressent.

1.	2.
VANEAU. IMMEUBLE 18E.[1] 2-pièces.[2] 37 m². 5e étage. Soleil. Calme. Poutres.[3] Cheminée.[4] Beaucoup de caractère. A rafraîchir.[5] Prix: 1,3 M	**GLACIÈRE. IMMEUBLE 1975.** 3-pièces. 65 m². Refait à neuf.[6] Balcon. Cave.[7] Parking au sous-sol.[8] 9e étage, ascenseur. Prix: 1,3 M

[1] dix-huitième siècle [2] *one-bedroom apartment* [3] *Beams* [4] *Fireplace* [5] A... *Needs new paint.* [6] Refait... *Remodeled* [7] *Basement storage* [8] *basement*

Pour aider Dominique dans son choix, posez-lui les questions suivantes. Notez ses réponses dans le tableau.

LES QUESTIONS	LES REPONSES DE DOMINIQUE
1. L'un des appartements est grand, l'autre est petit. Ils coûtent le même prix, sans doute en raison de la différence de quartiers. Préférez-vous habiter un petit appartement dans un quartier chic ou un grand appartement dans un quartier plus banal? Pourquoi?	
2. Avez-vous besoin de 65 mètres carrés, ou est-ce que 37 mètres vous suffisent?	
3. A votre avis, quels sont les avantages et les inconvénients d'avoir un appartement au cinquième étage (*U.S. 6th floor*) sans ascenseur? Est-ce qu'un ascenseur est indispensable?	
4. Aimez-vous qu'un appartement soit ensoleillé (*sunny*)? Pour vous, la vue est-elle importante? Vous habituez-vous facilement au bruit, ou vous faut-il du calme?	
5. Préférez-vous les vieux immeubles ou les immeubles modernes? Pourquoi? (A votre avis, l'expression «beaucoup de caractère» veut-elle dire «beaucoup de charme» ou «beaucoup de réparations à prévoir»?)	
6. Comparez les à-côtés (*perks*) de chaque appartement. Pour vous, qu'est-ce qui est plus important: avoir une cheminée ou un balcon? Pourquoi? Quel est l'avantage d'avoir une cave? Avez-vous besoin d'un garage?	

G Sans Dominique, les autres membres du groupe vont discuter de ses réponses, puis ils vont choisir l'un des deux appartements. (Pendant ce temps, tou[te]s les Dominique vont se réunir pour comparer les deux appartements et pour dire leur préférence.)

H Les Dominique regagneront leurs groupes respectifs. Les autres membres du groupe lui feront part (*will inform him/her*) de leur choix. Maintenant, à Dominique de leur dire s'il (si elle) est d'accord avec ce choix et pourquoi.

Stratégie d'écoute

VOCABULAIRE

STYLE DIRECT → STYLE INDIRECT

J'ai dit: «J'installe des fils électriques.» →
J'ai dit que j'installais des fils électriques.

J'ai dit: «Je vais installer des fils électriques.» →
J'ai dit que j'allais installer des fils électriques.

J'ai dit: «J'installerai des fils électriques.» →
J'ai dit que j'installerais des fils électriques.

J'ai dit: «J'ai installé des fils électriques.» →
J'ai dit que j'avais installé des fils électriques.

J'ai dit: «J'installais des fils électriques.» →
J'ai dit que j'installais des fils électriques.

RAPPEL:
Présent →	Imparfait
Futur →	Présent du conditionnel
Imparfait →	Imparfait
Passé composé →	Plus-que-parfait

I Récrivez les phrases suivantes au style indirect. Récrivez *toute* la phrase. (Seuls les verbes en italiques changent.)

MODELE: La tâche *consiste* à installer des fils électriques. →

J'ai dit que la tâche *consistait à installer des fils électriques*.

1. En posant les fils, j'*ai* rencontré une difficulté.

   J'ai dit qu'en posant les fils, ______________________________ .

2. Je n'*arrivais* pas à faire passer le fil à travers le tuyau.

   J'ai dit que je n'______________________________ .

3. Le tuyau *mesure* quinze mètres de long.

   J'ai dit que le tuyau ______________________________ .

4. Il *est* large de quatre centimètres.

   J'ai dit qu'il ______________________________ .

5. Le tuyau n'*est* pas droit: il *fait* plusieurs coudes (*joints*).

   J'ai dit que le tuyau n'______________ droit et qu'il ______________ .

6. Je *sais* comment m'y prendre pour résoudre ce problème.

   J'ai dit que je ______________________________ .

7. Je *vais* dans une animalerie acheter des souris.

   J'ai dit que j'______________________________ .

J Complétez les phrases suivantes en faisant preuve d'imagination.

1. Je trouve un billet de 500 francs par terre. Je suis sur le point de (*about to*) le ramasser (*pick up*) quand...

   ____

   ____

2. Les deux amoureux s'étaient perdus de vue pendant la guerre. Dix ans plus tard, un jour, par hasard, il la voit dans la foule. Il s'approche d'elle, la prend dans ses bras, la serre très fort, puis elle dit...

____

____

3. Il est une heure du matin. Je dors. Tout d'un coup, à l'extérieur, quelqu'un se met à pousser un cri. Ensuite, j'entends quelqu'un frapper à la porte tout en criant, «Je suis blessé.» Soudain...

____

____

4. Un ami (Une amie) s'est confié(e) à moi, mais m'a demandé de garder le secret. Pourtant, quelques jours plus tard, en bavardant avec un autre ami (une autre amie), le secret m'a échappé bêtement. Trois jours après...

____

____

5. Le savant fou (*mad scientist*) a dit: «Enfin, j'ai réussi à...»

____

____

ECHANGES

K Comparez vos phrases (activité J).

POUR MIEUX COMPRENDRE

Dans le récit que vous allez entendre, deux électriciens rencontrent une difficulté de tuyauterie (*pipes*). L'un d'entre eux pense pouvoir résoudre le problème. Sa solution: deux souris blanches.

Au cours de l'exposé, il y aura du style indirect. La narration passera souvent d'un style à l'autre. Quand vous entendrez «je» ou «tu», il s'agira de style direct, comme dans: «Je pense que j'ai trouvé comment... », «Je vais te montrer... », etc.

A l'inverse, les phrases contenant des propositions (*clauses*) telles que: «Henri demanda à Francis comment... », «Francis lui répondit que... » sont des exemples du style indirect.

Dans la deuxième moitié du récit, vous allez voir comment Henri et Francis résolvent la difficulté et vous allez enfin voir quel rôle jouent les deux souris dans l'histoire. En écoutant, essayez d'imaginer la suite des événements, surtout quand le narrateur vous révèle comment les deux hommes manient (*handle*) les souris.

Vous allez entendre les mots *mâle* et *femelle*. Contrairement à d'autres langues, y compris l'anglais, ces adjectifs s'emploient pour les animaux (et non pour les êtres humains). Par ailleurs, qu'il s'agisse d'une souris mâle ou femelle, on dit toujours *une* souris (et, par conséquent, *elle*), comme le veut la grammaire française.

Vous êtes à l'écoute

Les activités que vous avez faites jusqu'ici vous ont préparé(e) à l'écoute du texte qui va suivre.

L (Première écoute) En vous basant sur le texte, mettez les événements dans l'ordre.

_______ Francis dit à Henri qu'il va dans une animalerie.

_______ Henri demande à Francis ce qu'il compte faire avec les souris.

_______ Ils rencontrent une difficulté: ils n'arrivent pas à faire passer le fil à travers le tuyau.

_______ Trente minutes après, Francis revient avec deux souris blanches.

_______ Deux électriciens veulent installer des fils électriques dans une maison.

_______ Soudain, Francis a une idée géniale.

M (Deuxième écoute) Rembobinez la cassette et écoutez le texte encore une fois, puis prenez des notes pour ensuite répondre aux questions.

1. Où Henri doit-il se placer? Avec quelle souris: la souris mâle ou la souris femelle?
____
____
2. Combien mesure le tuyau? _______________________
3. Racontez en détail ce que fait Francis au bout du tuyau. _______________
____
____
4. Pourquoi Henri serre-t-il la souris? Que fait la souris quand Henri la serre? _______
____
____
5. Quelle est la réaction de la souris mâle quand elle entend la femelle? __________
____
____
6. Qu'est-ce qu'Henri finit par comprendre? _______________________
____
____

Après avoir écouté

N Quel rôle jouent les deux souris dans cette histoire? Rapportez-vous à l'activité L. Qui a deviné juste?

 Ecoutez de nouveau l'anecdote du début jusqu'à la fin. Ensuite, racontez-la de mémoire. Racontez-la au présent. (N'oubliez pas les petits mots comme *d'abord, puis, ensuite...*)

De la pensée à la parole

LOUER OU ACHETER UN APPARTEMENT EN FRANCE

Un immeuble parisien

Quand on loue un appartement, on signe un bail[1] de trois ans minimum. Seul le locataire[2] peut résilier[3] le bail, avec un préavis de trois mois. Si le propriétaire veut récupérer l'appartement en fin de bail, il doit donner des raison légitimes et un préavis de six mois. De plus, les augmentations de loyer sont strictement contrôlées par l'Etat.

Quand on achète un appartement, on signe l'acte de propriété[4] devant un notaire qui en garantit la validité. C'est l'acheteur qui paie les honoraires[5] du notaire. Ces

[1] *lease* [2] *tenant* [3] *cancel* [4] l'acte... *deed of ownership* [5] *fee*

honoraires sont proportionnels au prix de l'appartement, en général entre trois et douze pour cent du prix de vente.

10 Pour l'achat ainsi que pour la location, le prix dépend autant du quartier que de la surface habitable.

Toutefois, il est fréquent que l'acheteur négocie le prix de vente. Parfois, il arrive à le faire considérablement baisser, surtout quand il y a sur le marché plus de vendeurs que d'acheteurs.

15 Certains acheteurs ont déjà dans leur compte en banque assez d'argent pour couvrir le prix total de l'appartement. Mais, le plus souvent, l'acheteur doit solliciter un prêt bancaire. Ces prêts sont consentis à des taux d'intérêt assez bas.

Pour les locations, le propriétaire demande généralement au locataire une garantie de revenue mensuel supérieur à trois ou quatre fois le loyer de l'appartement.

En France, on classe ainsi les types d'appartements:

TYPES D'APPARTEMENT	SURFACE HABITABLE APPROXIMATIVE
la studette	15 m^2[6]
le studio	25 m^2
le «double living»	35 m^2
le deux-pièces[7]	45 m^2
le trois-pièces	55 m^2
le quatre-pièces (etc.)	75 m^2

[6]quinze mètres carrés [7]*one-bedroom apartment*

En vous basant sur le texte, indiquez si les déclarations suivantes sont vraies ou fausses. Rectifiez les déclarations fausses. (Les réponses se trouvent à la fin du livre.)

En France...

		V	F
1.	Un locataire signe un bail d'un an.	❑	❑
2.	Seul le locataire peut résilier le bail avec un préavis de six mois.	❑	❑
3.	Les augmentations de loyer sont contrôlées par l'Etat.	❑	❑
4.	C'est le vendeur qui paie les frais de notaire.	❑	❑
5.	Pour fixer le prix d'un appartement, seule la surface habitable compte.	❑	❑
6.	Les acheteurs ne peuvent pas négocier le prix de vente.	❑	❑
7.	La plupart des acheteurs demandent un emprunt à leur banque.	❑	❑
8.	Les locataires doivent généralement fournir des garanties de revenus.	❑	❑

Utilisez cet espace pour rectifier les déclarations fausses. Récrivez toute la phrase.

Répondez oralement aux questions suivantes.

Dans votre pays...

1. Quelle est la durée d'un bail? Est-il facile de résilier un bail? Dans quelles conditions peut-on le faire?
2. Qui contrôle les augmentations de loyer?
3. Quelles garanties le locataire doit-il fournir au propriétaire?
4. Après avoir répondu à ces questions, à votre avis, le locataire est-il mieux protégé en France ou chez vous?

On sait se débrouiller

1. Racontez une histoire à coup de théâtre (*with a surprise ending*).
2. Racontez l'intrigue d'un film ou d'un livre que vous aimez sans en préciser le titre. Les autres essaieront de le deviner.
3. Un membre de la classe (ou du groupe) commencera une histoire, s'arrêtera, et un autre prendra le relais (*will take over*). Vous ferez le tour de tous les membres de la classe (ou du groupe) jusqu'à la fin de l'histoire.
4. Trouvez une solution originale à un problème banal. Il faut que votre solution sorte de l'ordinaire.

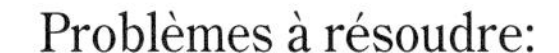

Problèmes à résoudre:

comment remplacer une ampoule (*lightbulb*)
comment faire la lessive
comment nettoyer les vitres
comment décapsuler (ouvrir) une bouteille
comment faire une déclaration d'amour
??? (A vous d'inventer)

Contrôle 3

Vous êtes à l'écoute

L'omelette parfaite

Lucien va expliquer comment il confectionne une bonne omelette. Ecoutez-le, puis indiquez si les déclarations suivantes sont vraies (V) ou fausses (F). Vous entendrez le texte deux fois.

		V	F
1.	Pour faire une bonne omelette, il faut battre des œufs entiers.	❑	❑
2.	Selon Lucien, pour faire une omelette, il faut obligatoirement des œufs, du sel, du poivre, du vinaigre et du fromage râpé.	❑	❑
3.	Il faut battre le mélange très longtemps.	❑	❑
4.	La chose la plus importante, c'est la cuisson.	❑	❑
5.	Il faut que la poêle soit très chaude.	❑	❑
6.	Lucien met beaucoup de beurre dans la poêle.	❑	❑
7.	Il faut que le mélange s'étale comme une crêpe épaisse.	❑	❑
8.	Quand la crêpe est bien saisie, on la roule dans la poêle et on la fait vite glisser dans un plat.	❑	❑

L'appartement

Monsieur et Madame Dubois visitent un appartement. Ecoutez leur conversation avec l'employée de l'agence immobilière, puis répondez aux questions suivantes par des phrases complètes. Vous entendrez le texte deux fois.

1. L'appartement est-il un deux-pièces ou un trois-pièces?

____

2. Combien de chambres y a-t-il?

____

3. Selon l'employée de l'agence immobilière, qu'est-ce qu'il manque à la cuisine?

____

4. Quelle pièce donne sur une cour?

____

5. Pourquoi, selon l'employée de l'agence immobilière, la chambre est-elle calme?

____

6. Qu'est-ce que Madame Dubois dit sur la lumière et le bruit?

7. Où se trouve l'appartement?

8. Quel est son loyer? Quelle est sa surface habitable?

Questions d'opinion:

9. A votre avis, les Dubois vont-ils prendre l'appartement? Pourquoi?

10. Décrivez le ton de Madame Dubois. (A votre avis, pendant la visite, quelle attitude a-t-elle envers l'employée de l'agence immobilière?)

UNITE 4

La francophonie

La francophonie, ce
st pas que la France.

café

Chapitre 10

Francophonie, polyphonie et coopération

Qu'avons-nous en commun? Beaucoup de choses, y compris le français.

Pour démarrer

A Quand vous pensez au «Français moyen», quelles images vous viennent à l'esprit? Pour vous, ce Français dit «moyen» est-il d'origine africaine, arabe ou asiatique? Quelle est sa religion? Selon vos connaissances, quelles sont les minorités ethniques en France? (Si nécessaire, consultez un ouvrage de référence.) Qu'est-ce que tous les Français ont en commun? Maintenant, regardez la photo à la page 117. Qu'est-ce qui unit toutes ces personnes dites «francophones»? En vous basant sur cette photo, définissez le mot *polyphonie.*

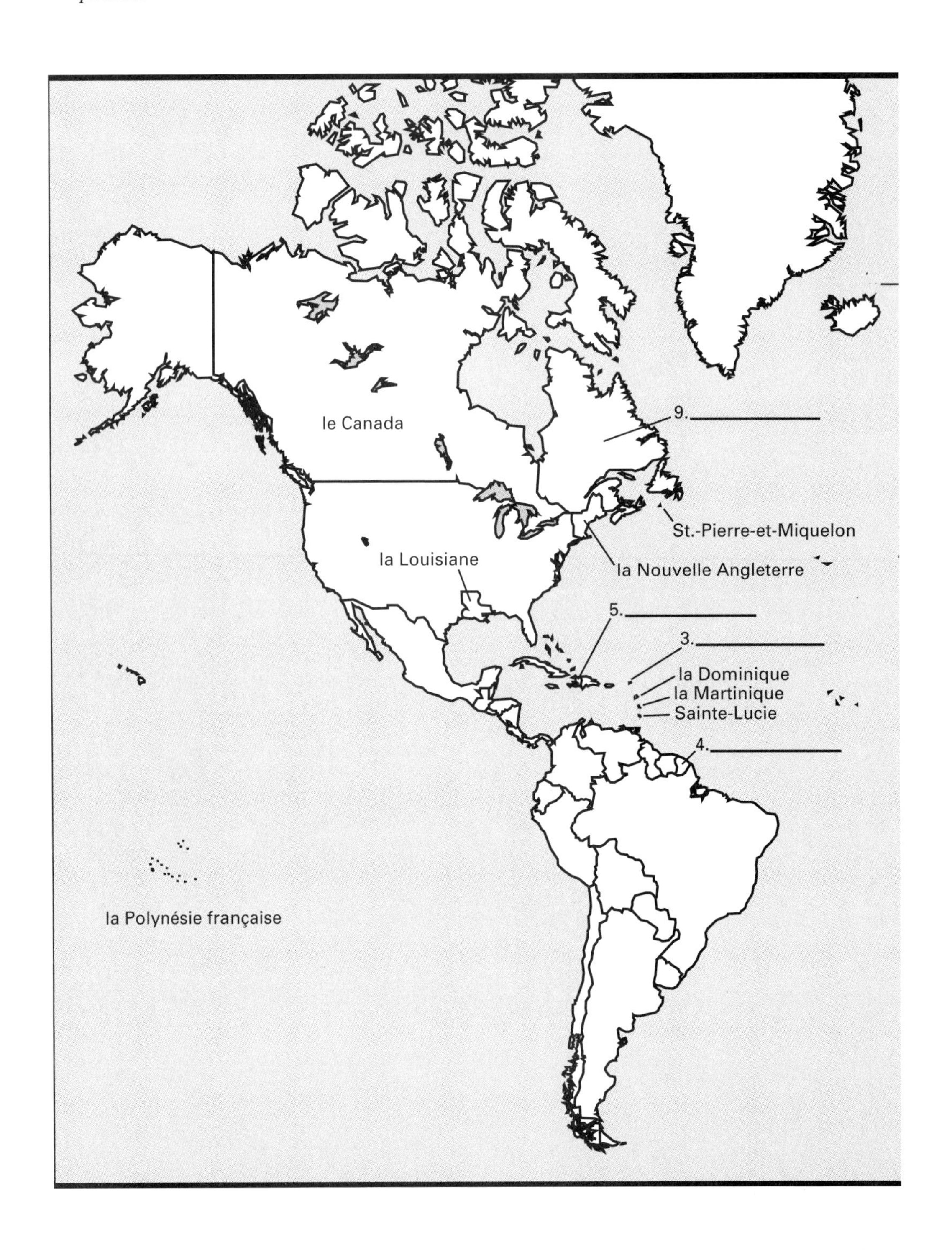

De quoi s'agit-il?

APERÇU

Nous avons divisé le récit que vous allez entendre en deux parties. Dans la première moitié du texte, vous allez apprendre ce qu'est la francophonie, l'«espace» de la langue française. Vous allez apprendre que, malgré les différences régionales, économiques, dialectales, culturelles et ethniques, la langue française est le véhicule qui permet aux gens de se comprendre et, par conséquent, d'oublier leurs différences et de s'entraider.

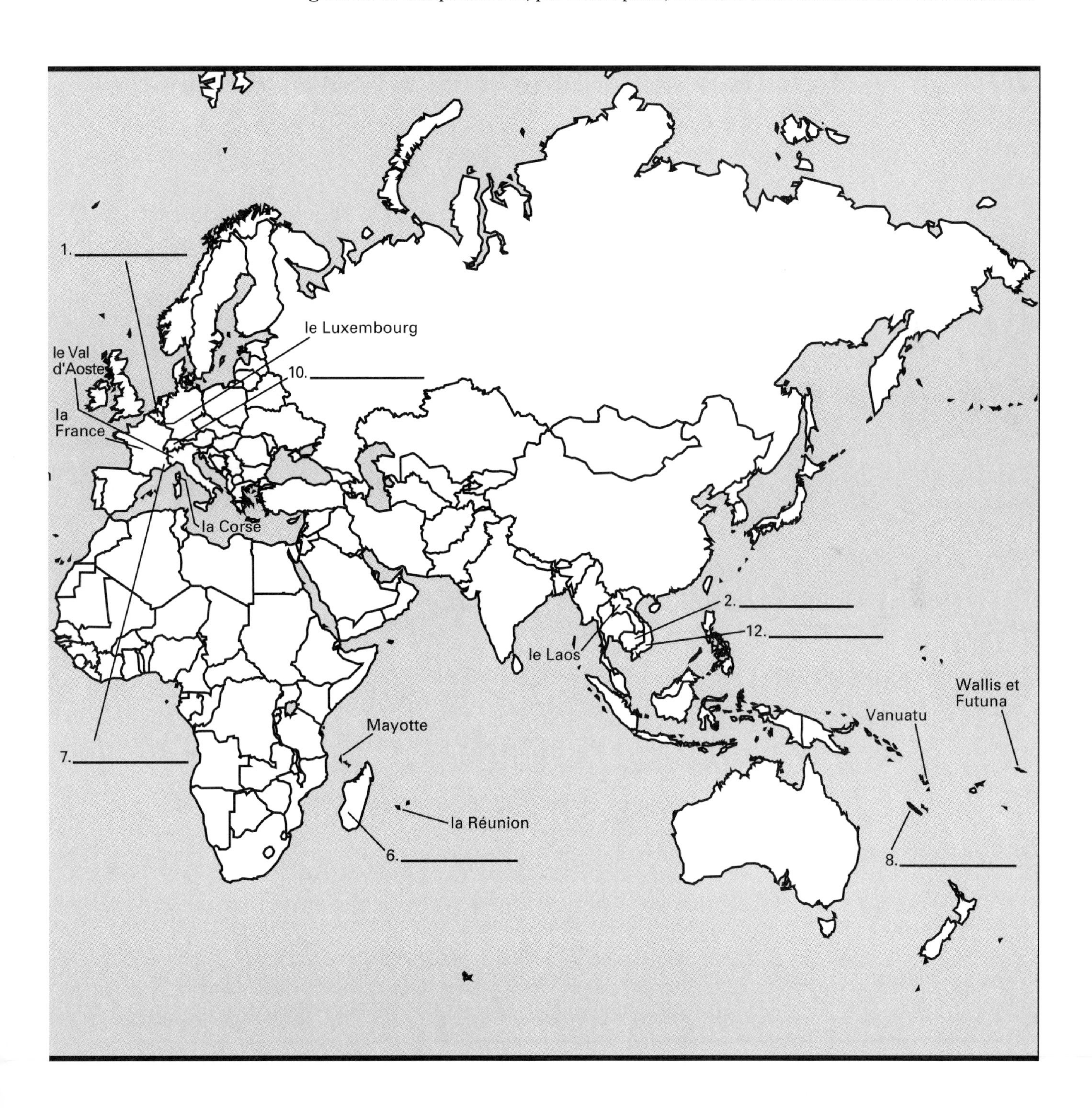

Dans la deuxième moitié du texte, vous allez apprendre quels sont les cinq principaux secteurs dans lesquels s'entraident les Etats membres de l'Agence de coopération culturelle et technique (l'ACCT).

PHRASES INDICATRICES

Voici quelques phrases-clés qu'il faudrait comprendre avant de commencer l'enregistrement.

1. Ne se limitant pas à l'usage même de la langue, la francophonie est ce qui unit toutes les populations francophones du monde.
2. Un second trait essentiel des nations francophones, c'est leur volonté de s'entraider en collaborant à des projets communs.
3. Il y a des régions où le français est la langue d'une minorité. Même dans ces régions, les communautés francophones ont conscience d'appartenir à un vaste ensemble humain qui embrasse à la fois la modernité, la pluralité et la solidarité.

Inscrivez le nom du pays francophone à l'endroit indiqué par le numéro sur la carte (pages 118–119). Nous avons déjà indiqué la moitié des pays (ou territoires) francophones.

Pays ou territoires francophones (en dehors du continent africain) à trouver:

1. la Belgique
2. le Cambodge (le Kampuchéa)
3. la Guadeloupe
4. la Guyane française
5. Haïti
6. Madagascar
7. Monaco
8. la Nouvelle-Calédonie
9. le Québec
10. la Suisse
11. Sainte-Lucie
12. le Viêt-nam

Projet à préparer pour la prochaine fois: Choisissez un pays francophone en dehors de l'Afrique (que nous allons étudier dans le chapitre suivant). Vous allez faire des recherches à la bibliothèque afin de parler en détail (1) de sa géographie; (2) de son climat; (3) de sa population; (4) de ses villes principales; (5) de sa/ses langue(s); (6) de sa/ses religion(s). Vous donnerez également un aperçu de son histoire et de son économie.

Avant d'écouter

D Que savez-vous des langues en général et du statut du français parmi ces langues? Dans les phrases suivantes, éliminez le mauvais choix entre parenthèses.

MODELE: Au Québec, (83% / ~~95%~~) des habitants sont francophones.

1. Dans le monde, il y a environ (3 000/5 000) langues.
2. (Quatorze/Vingt) pour cent de la population mondiale parle mandarin (un dialecte chinois).
3. Après le mandarin, vient (le hindi/l'anglais).
4. En Europe, plus d'un (quart/tiers) de la population pratique (*use*) l'anglais; plus d'un (quart/cinquième) pratique le français.

5. Il y a davantage d'Européens qui pratiquent (le français/l'espagnol).
6. Comme langue diplomatique, le français a dominé le monde au ($18^e/19^e$) siècle.
7. A l'ONU (l'Organisation des Nations Unies), l'anglais et (le français/l'espagnol) sont les deux langues de travail.
8. La charte olympique est rédigée en anglais et en français. En cas de désaccord entre ces deux langues, (l'anglais/le français) fera autorité.
9. Selon la coutume, la cérémonie d'ouverture et de clôture des Jeux olympiques se déroule (en grec/en français).
10. La langue de travail de la CEE (Communauté Economique Européenne), c'est (le français/l'anglais).

E Et le français dans le monde? A votre avis, les déclarations suivantes sont-elles vraies ou fausses?

		V	F
1.	En Amérique du Nord, plus de 15% de la population est francophone.	❑	❑
2.	Un Libanais sur cinq se considère comme francophone.	❑	❑
3.	La plupart des Suisses ont pour langue maternelle le français.	❑	❑
4.	En Louisiane, depuis 1968, le français est l'une des deux langues officielles.	❑	❑
5.	Il en est de même en Nouvelle-Angleterre.	❑	❑
6.	Tous les Français sont francophones.	❑	❑
7.	La loi française veut que la langue officielle et nationale de la France soit le français.	❑	❑
8.	Au Québec, il y a deux langues officielles: le français et l'anglais.	❑	❑
9.	En Belgique, il y a deux langues officielles: l'allemand et le français.	❑	❑
10.	En Suisse, il y a quatre langues officielles: l'allemand, le français, l'italien et l'anglais.	❑	❑

F Parlez-vous français? Faites le jeu de rôles comme dans le modèle. Les personnages: un ami (une amie) qui parle «franglais» (français + anglais); un(e) autre ami(e) «puriste».

A la place de *break* dites plutôt *pause* (*f.*).

challenge	défi (*m.*)
fax	télécopie (*f.*)
look	style (*m.*)
parking	auto-parc (*m.*)
preppy	BCBG (bon chic bon genre)
shopping	courses (*f.*)
Walkman	baladeur (*m.*)
week-end	fin (*f.*) de semaine

MODELE: A Paris, la vie des *stars* fait souvent des *best-sellers.* →
A Paris, la vie des *vedettes* fait souvent des *succès* de librairie.

1. A Paris, on trouve difficilement à se garer dans la rue. Il vaut mieux laisser sa voiture dans *un parking.*
2. Dans le métro, on voit des adolescents avec des *walkmans* pour s'isoler de la réalité.
3. Dans les bureaux parisiens, *le fax* a presque complètement remplacé le courrier traditionnel.
4. Les Parisiens aisés ont des maisons de campagne où ils passent le *week-end.*
5. Rester de bonne humeur toute la journée à Paris est un véritable *challenge.*
6. Dans le seizième arrondissement, les gens ont un *look preppy.*
7. Les Parisiens font leur *shopping* entre trois et cinq heures.
8. Après, on fait un petit *break* pour prendre le thé.

G Répondez oralement aux questions suivantes.

1. Pourquoi, à votre avis, est-ce que beaucoup de francophones disent un *challenge* au lieu de dire un *défi?*
2. A la longue, qu'arrivera-t-il à la langue française si de plus en plus de personnes remplacent des mots français par des mots anglais?
3. Croyez-vous qu'un peuple puisse garder son identité s'il perd sa langue?
4. Pensez-vous qu'un gouvernement a le droit d'intervenir dans le comportement linguistique de ses citoyens? Pourquoi? Dans quelle mesure une telle intervention peut-elle être efficace?

H Mettez-vous avec un(e) partenaire qui a choisi un autre pays francophone que le vôtre (activité C). A tour de rôle, parlez de votre pays francophone.

Stratégie d'écoute

VOCABULAIRE

I Répondez aux questions suivantes par des phrases complètes. Dans votre réponse, utilisez tous les mots en italiques dans la question.

MODELE: Comment peut-on *mesurer l'importance* du statut d'une langue?
Réponse: Pour *mesurer l'importance* du statut d'une langue, il faut voir, d'abord, combien de personnes ont cette langue pour langue maternelle et, ensuite, si cette langue jouit d'un prestige international.

1. A votre avis, quels facteurs *unissent* les populations francophones du monde entier?

   ____

   ____

   ____

2. Croyez-vous qu'un jour, malgré les différences ethniques qui séparent les gens, les *diverses* populations réussiront à *se joindre* pour faire un même *ensemble humain*? Comment pourra-t-on *atteindre cet objectif*? ______________________

____

____

____

3. Imaginez que vous allez être professeur de français dans un lycée de votre pays. Préféreriez-vous apprendre le français à un groupe *homogène* ou *hétérogène* d'élèves? Pourquoi? ____

____

____

____

4. Dans un pays où deux cultures (et deux langues) se côtoient (*exist side-by-side*), croyez-vous que ces deux cultures s'opposent ou *se complètent*? ________________

____

____

____

J Remplacez les mots en italiques dans les phrases suivantes par le mot ou groupe de mots synonyme(s) dans la liste.

à titre d'exemple
appartenant à
collectivité
cotisé
développés
du Tiers-Monde
les jumelages des
maintenir
niveau de vie
pays
quant à
secteurs

1. Les *Etats membres* (______________________) de l'ACCT collaborent dans plusieurs *domaines* (______________________), surtout celui de l'éducation.

2. *Par example* (______________________), plusieurs gouvernements des pays francophones les plus riches ont *contribué de l'argent* (______________________) pour créer l'université internationale de langue française à Alexandrie.

3. *Pour ce qui touche à* (______________________) la culture, *la coopération entre* (______________________) musées constitue(nt) un bel exemple d'entraide: dans ce système, les musées des pays *riches* (______________________) participent à la rénovation des musées des pays *pauvres* (______________________).

4. L'aide économique est également importante, car, à l'intérieur de l'espace francophone, il y a des différences énormes de *revenu moyen* (______________________).

5. La francophonie fonctionne comme une *communauté* (______________________) culturelle: grâce aux organismes comme l'ACCT, chaque pays francophone arrive à *garder* (______________________) son identité tout en *faisant partie d'* (______________________) un vaste ensemble humain.

ECHANGES

Répondez oralement aux questions suivantes.

1. Citez de mémoire cinq Etats membres de la francophonie. Lesquels de ces pays sont des pays développés? Lesquels de ces pays sont des pays du Tiers-Monde?
2. A votre avis, dans quels domaines les pays francophones riches peuvent-ils aider les pays francophones du Tiers-Monde?
3. Maintenant, imaginez: vous êtes un(e) francophone habitant en Louisiane. Pour vous, que représente la francophonie? Qu'est-ce qu'elle représente si vous êtes français(e)? Et si vous êtes haïtien(ne)?

POUR MIEUX COMPRENDRE

Avant d'écouter, jetez un coup d'œil sur les activités L et M. N'oubliez pas: comprendre, c'est saisir l'essentiel du message.

Lors de votre deuxième écoute, on va vous parler des domaines ou secteurs dans lesquels les Etats membres de l'Agence de coopération culturelle et technique collaborent entre eux. Soyez donc attentif/ive aux groupes de mots suivants qui signalent qu'il est question d'un nouveau domaine:

- en ce qui concerne les sciences et les techniques on pourrait mentionner à titre d'exemple...
- dans le domaine de la communication...
- pour ce qui touche à la culture...
- l'économie est un secteur dans lequel...

Les activités que vous avez faites jusqu'ici vous ont préparé(e) à l'écoute du texte qui va suivre. Maintenant, écoutez.

L (Première écoute) Complétez les phrases suivantes, soit en transcrivant *mot à mot* ce que dit le narrateur, soit en style télégraphique. L'essentiel, c'est de saisir l'*idée*.

MODELE: Pour mesurer l'importance réelle de la langue française dans le monde... →
mot à mot: il faut comprendre ce qu'est la francophonie.
style télégraphique: comprendre francophonie

1. Ne se limitant pas à l'usage même de la langue, la francophonie ________________.
____.
____.
2. Beaucoup de choses ________________________________.
____.
____.
3. La francophonie représente un grand nombre de ________________.
____.
____.

4. Grâce à la langue française ______________________________.

______________________________.

5. La francophonie peut se comparer à une polyphonie, c'est-à-dire, à ______________.

______________________________.

6. Un second trait des nations francophones, c'est ______________________.

______________________________.

M (Deuxième écoute) Rembobinez la cassette et écoutez le texte encore une fois. Puis, remplissez les blancs donnés pour cette dictée partielle.

- Les secteurs dans lesquels les Etats membres de l'ACCT collaborent entre eux: (1) l'______________; (2) les ______________ ______________; (3) la ______________; (4) la ______________ ______________; (5) l'______________.
- Exemples de coopération:

  secteur n° 1: une ______________________________ ______________________ à Alexandrie, en Egypte.

  secteur n° 2: le RIF, c'est-à-dire, le ______________________________ ______________________________.

  secteur n° 3: ______________________________ ______________________________ dans une trentaine de pays.

  secteur n° 4: jumelages de ______________________.

  secteur n° 5: ______________________________ ______________________________.
- La francophonie fonctionne un peu comme une coopérative culturelle. Même dans les régions où le français est la langue d'une minorité les gens, les communautés francophones ______________________________ ______________ensemble humain.

Après avoir écouté

N Répondez oralement aux questions suivantes.

1. Qu'est-ce que c'est que la francophonie?
2. Qu'est-ce que c'est qu'une *polyphonie*? Pourquoi peut-on y comparer la francophonie?
3. Qu'est-ce que la devise de l'ACCT indique?
4. Quels sont les cinq secteurs dans lesquels les Etats membres de l'ACCT collaborent entre eux?
5. A votre avis, quels sont les avantages d'appartenir à une collectivité telle que celle de la francophonie?

De la pensée à la parole

Les francophones dans le monde: Qui sont-ils?

Il faut distinguer les *francophones réels* des *francophones occasionnels* et des *francisants.*

- 105 millions de francophones réels: ils ont du français—langue première, seconde ou d'adoption—une maîtrise courante et en font un usage habituel.
- 55 millions de francophones occasionnels dans l'espace francophone: leur pratique du français est limitée soit par une maîtrise rudimentaire, soit par un usage circonstantiel.
- Plus de 100 millions de francisants, hors de l'espace francophone: ils ont appris ou apprennent le français pour communiquer avec des étrangers.

Répondez aux questions suivantes par des phrases complètes.

1. Quels sont les trois types de francophones? En quoi se ressemblent-ils? En quoi diffèrent-ils? Quelle différence y a-t-il entre un francophone et un francisant? ____________

____

____

____

2. La plupart des francophones vivent-ils dans des pays francophones? Et la plupart des francisants? ____

____

____

3. Si on est francophone, parle-t-on forcément bien le français? Pourquoi? ____________

____

4. Et vous? De quel groupe de locuteurs faites-vous partie? (Cochez la bonne réponse.)
   - ❑ Je fais partie de celui des francophones réels.
   - ❑ Je fais partie de celui des francophones occasionnels.
   - ❑ Je fais partie de celui des francisants.

Le quartier chinois à Montréal

5. Cochez la bonne réponse. A mon avis...

- ❑ je me débrouille (très) bien en français.
- ❑ je me débrouille assez bien en français.
- ❑ j'ai du mal à parler français.

P Que comptez-vous faire pour vous améliorer en (*improve your*) français? Avec un(e) partenaire, trouvez *au moins* trois moyens de le faire et inscrivez-les dans l'espace donné. Ensuite, faites part de vos idées à un autre groupe de partenaires.

1. ______________________________

2. ______________________________

3. ______________________________

4. ______________________________

____

5. ______________________________

____

On sait se débrouiller

1. Connaissez-vous des immigrés? Parlez-leur (s'ils n'y voient pas d'objection) de leur installation dans votre pays. Voici quelques questions éventuelles:
   —pourquoi ils sont venus ici
   —comment ils se sont adaptés; adaptation facile ou difficile
   —si leur pays d'origine leur manque; si oui, ce qui leur manque en particulier
   —ce qu'ils (n')aiment (pas) dans votre pays
   —dans l'ensemble, s'ils se sentent bien dans leur pays d'adoption

   Prenez des notes et faites-en la synthèse pour vos camarades de classe. (Si, par bonheur, ces personnes parlent français, et si votre professeur est d'accord, invitez-les au cours de français.)

   Une variante: C'est vous l'immigré(e). Un(e) camarade de classe vous interrogera.

2. Lisez l'ouvrage d'un écrivain ou d'un poète francophone. Parlez-en à vos camarades de classe. Quelques suggestions: Rabah Belarmi, Anne-Marie Niane, Tahar Ben Jelloun, Aimé Césaire, Anne Hébert, Patrick Chamoiseau, Léopold Senghor, Marie-Claire Blais.

3. Sous l'égide d'un programme d'échange d'étudiants francophones, vous venez d'arriver à Bruxelles où vous allez passer la semaine dans une famille belge. Vous venez du Sénégal. Vous êtes à table et votre famille d'accueil belge vous pose des questions sur votre pays. Répondez-y. Vous aussi, vous posez des questions sur la Belgique et les mœurs belges et européennes en général.

   Pour faire cette activité, formez des groupes de trois à cinq personnes: un étranger (une étrangère) et deux à quatre Belges.

CHAPITRE 11

La francophonie et l'Afrique

En Afrique on porte couramment des vêtements traditionnels.

Pour démarrer

A Décrivez les vêtements que portent les personnes à la page 129. Ces vêtements, épousent-ils le corps ou sont-ils flottants? Pourquoi? (Est-ce une question de tradition seulement? de climat?) A votre avis, *tous* les Africains mettent-ils des vêtements traditionnels? Justifiez votre réponse. Maintenant, imaginez: vous êtes africain(e) et vous avez un rendez-vous d'affaires avec des représentants d'une société française. Comment vous habillez-vous: à l'africaine ou à l'européenne? Pourquoi? Dans votre région, voit-on des vêtements africains? Si oui, qui les porte? Pourquoi?

De quoi s'agit-il?

Aperçu

Ce texte, divisé en deux parties, va vous apprendre le rôle capital qu'ont joué trois hommes d'Etat africains dans la création de la francophonie: Léopold Sédar Senghor (Sénégal), Habib Bourguiba (Tunisie) et Hamadi Diori (Niger). Vous allez découvrir pourquoi ils ont voulu promouvoir la langue française sur le continent africain et pourquoi, dans un premier temps, la France s'est tenue à l'écart du mouvement francophone. Vous allez également découvrir pourquoi, à partir de 1970, les objectifs de la francophonie ont changé; et en quoi consistent ces changements. Enfin, vous allez apprendre que, malgré la participation d'autres peuples francophones, l'apport des Africains au mouvement francophone reste extrêmement important.

Phrases indicatrices

Voici quelques phrases-clés qu'il faudrait comprendre avant de commencer l'enregistrement.

1. En Afrique, il y a des centaines de langues locales et un grand nombre de cultures différentes. Le président Senghor a donc conçu la francophonie pour faciliter la coopération entre les pays ayant en commun l'usage du français.
2. Comme beaucoup de nations africaines—d'anciennes colonies européennes—venaient d'obtenir leur indépendance, la France préférait se tenir à l'écart, par prudence: elle ne voulait pas qu'on pense qu'elle cherchait à recoloniser l'Afrique.
3. Aujourd'hui, les Etats membres ou associés de l'ACCT s'efforcent de propager ou de défendre la langue française, mais ce n'est pas tout; ils collaborent et s'entraident dans bien d'autres domaines, dont l'éducation.

B Projet pour toute la classe: A l'aide d'un ouvrage de référence, (1) remplissez la carte de l'Afrique francophone. Utilisez des couleurs afin de distinguer les pays les uns des autres. (2) Après avoir écrit les noms des pays suivants, indiquez la capitale de chacun de ces pays.

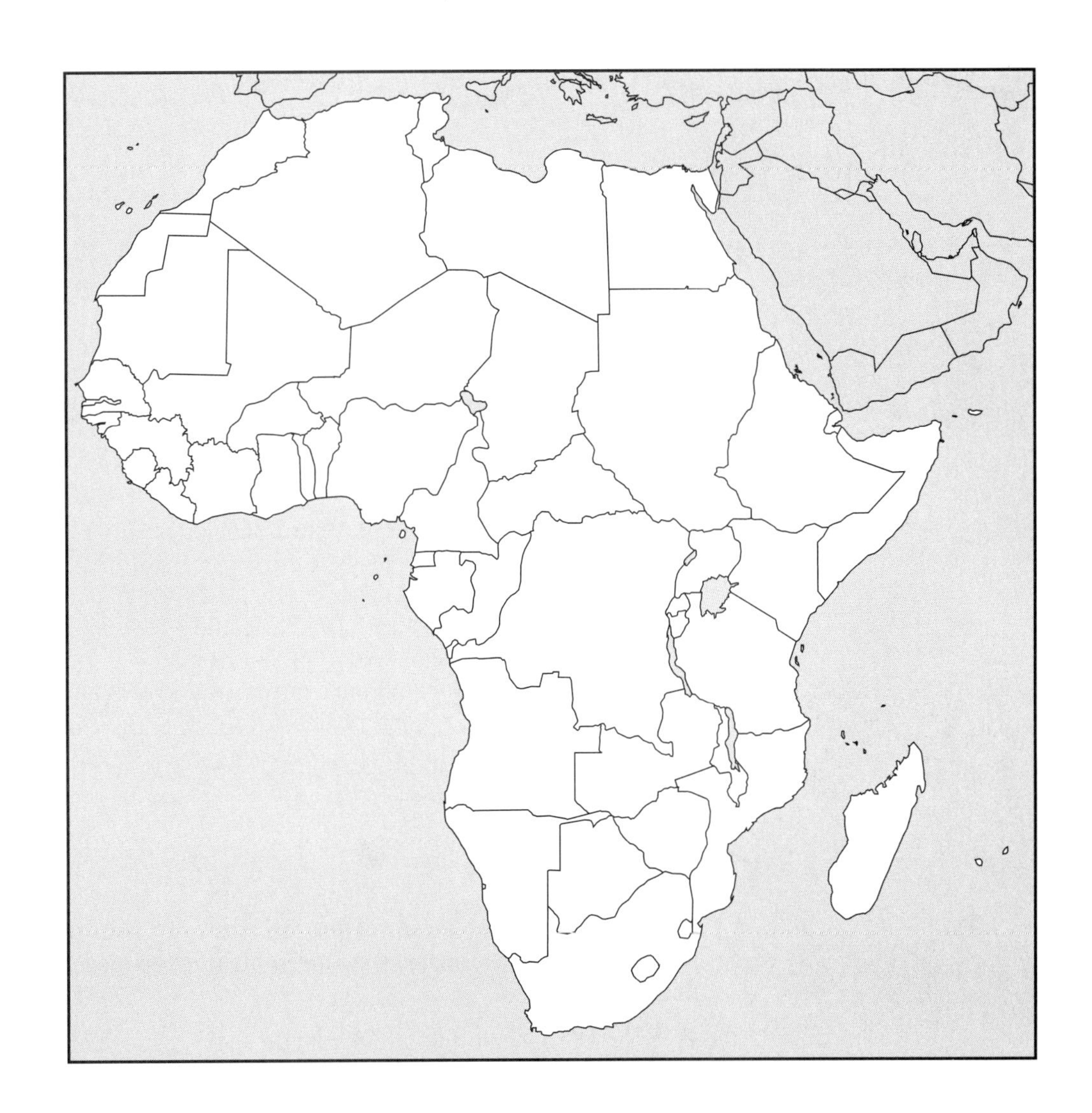

PAYS DE L'AFRIQUE FRANCOPHONE	LEUR CAPITALE
• l'Algérie	Alger(/alʒe/)
• le Bénin	Porto-Novo
• le Burkina-Faso*	Ouagadougou/(wa-ga-du-gu/)
• le Burundi	Bujumbura (/by-ʒym-by-Ra/)
• le Cameroun	Yaoundé(/ja-un-de/)
• la République centrafricaine	Bangui
• le Congo	Brazzaville
• la Côte-d'Ivoire	Abidjan (/a-bi-djɑ̃/)
• Djibouti	Djibouti (*dj* se prononce comme le *j* anglais)
• le Gabon	Libreville
• la Guinée	Conakry
• le Mali	Bamako
• le Maroc	Rabat (le *t* ne se prononce pas)
• la Mauritanie	Nouakchott (/nwak-ʃɔt/)
• le Niger	Niamey (/njame/)
• le Rwanda	Kigali
• le Sénégal	Dakar
• le Tchad	N'Djamena (/ɛn-dʒa-me-na/)
• le Togo	Lomé
• la Tunisie	Tunis (le *s* se prononce)

*S'appelle aussi le Burkina.

vant d'écouter

C Tout en consultant votre carte de l'Afrique francophone, trouvez l'intrus dans la liste suivante. Dans cet exercice, l'intrus est le pays qui n'a pas de frontière commune avec les autres pays.

MODELE: l'Algérie, le ~~Mali,~~ le Niger, la Tunisie

1. le Cameroun, la République centrafricaine, le Congo, le Zaïre
2. le Cameroun, la République centrafricaine, le Congo, le Gabon
3. le Congo, le République centrafricaine, le Niger, le Tchad
4. le Bénin, le Burkina-Faso, le Niger, le Togo
5. le Bénin, le Burkina-Faso, le Mali, le Niger
6. le Cameroun, la Guinée, la Mauritanie, le Sénégal
7. l'Algérie, le Mali, le Maroc, la Mauritanie
8. le Burundi, la République centrafricaine, le Rwanda, le Zaïre
9. le Cameroun, la République centrafricaine, Djibouti, le Tchad
10. le Bénin, le Burkina-Faso, Madagascar, le Niger

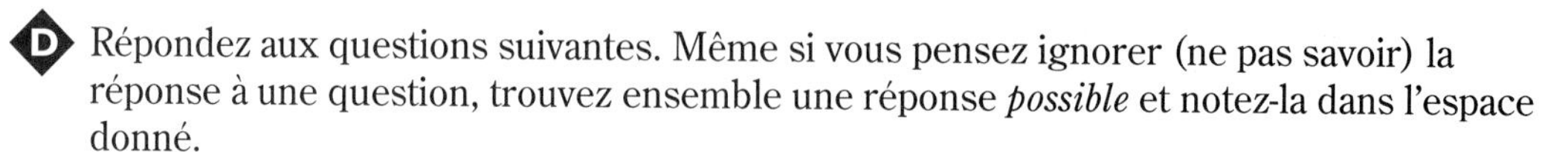

D Répondez aux questions suivantes. Même si vous pensez ignorer (ne pas savoir) la réponse à une question, trouvez ensemble une réponse *possible* et notez-la dans l'espace donné.

1. Si un Européen traite un Africain de «boy», est-ce péjoratif? Si deux jeunes Sénégalais, en se saluant, se disent «Salut, boy!» est-ce péjoratif? Pourquoi?
2. Vrai ou faux: souvent, quand ils se parlent, les Africains utilisent les termes *frère* et *sœur,* même s'ils ne sont pas de la même famille.
3. Dans les pays du Maghreb (*North Africa*), quelle est la religion pratiquée par le plus grand nombre de gens? Et en Afrique occidentale? En général, y a-t-il beaucoup de chrétiens sur le continent africain?
4. La plupart des Africains font-ils leurs courses dans des centres commerciaux ou dans des marchés en plein air? Essayez d'imaginer à quoi ressemble un marché africain et décrivez-le. En Afrique, à quelle heure fait-on son marché? Pensez-vous qu'une ménagère (*housewife*) africaine fait ses courses une fois par semaine ou tous les jours? Pourquoi?
5. Dans un souk (*outdoor, sometimes covered, market*) les prix sont-ils affichés ou faut-il négocier le prix?
6. Souvent, les sages d'un village africain se réunissent pour discuter des événements du village et pour prendre des décisions. Pensez-vous que ces sages sont des hommes ou des femmes? des jeunes ou des vieux?
7. Qu'est-ce que c'est que la polygamie? Qu'en pensez-vous personnellement? Est-ce légal ou interdit dans votre pays? A votre avis, quel pourcentage d'Africains non chrétiens pratiquent la polygamie? Combien d'épouses un Africain peut-il prendre s'il est musulman? et s'il est d'une religion africaine traditionnelle?
8. Vrai ou faux: à l'âge de six ans, tandis que les filles africaines restent auprès de leur mère, les garçons sont élevés par des hommes, d'habitude leur père ou un frère aîné.

E Avec un(e) partenaire, choisissez un pays de l'Afrique francophone. A la bibliothèque, consultez un ouvrage de référence et préparez un exposé sur un des thèmes suivants: l'agriculture, le climat, la cuisine, les jeunes, le logement, la médecine et la santé, la monnaie, la politique, les relations avec l'ancien colonisateur, la religion, les sports et loisirs, le système scolaire, les traditions (par exemple, le griot et le tam-tam), les transports, la vie de famille, la vie universitaire.

Quand votre classe se réunira de nouveau, vous en ferez part à un autre groupe de deux personnes.

Stratégie d'écoute

VOCABULAIRE

F Dans le passage suivant, remplissez les blancs par le mot qui convient.

Le mot «francophonie» est devenu courant ____________________ [1] 1960 grâce à trois ____________________ [2] qui cherchaient à ____________________ [3] l'usage du français en Afrique pour ____________________ [4] les peuples qui y utilisent le français.

propager
unir
hommes d'Etat
à partir de

En Afrique, il y a des ____________________ [5] de dialectes et de cultures. Ces ____________________ [6] africains ____________________ [7] vite compte que, ____________________ [8] la langue française, ils pourraient non seulement multiplier les ____________________ [9] entre leurs peuples, mais encore augmenter le ____________________ [10] d'éducation de beaucoup de gens. Par conséquent, la francophonie ____________________ [11] d'une idée qui n'est pas née en France. Alors, il n'est pas ____________________ [12] que la francophonie se soit développée ____________________ [13] de la France.

étonnant
échanges
niveau
centaines
provient
dirigeants
grâce à
se rendirent
en dehors de

Rien n'a ______________________________ [14] le gouvernement français de jouer un rôle important dans le mouvement dès ses débuts. Cependant, comme beaucoup de nations africaines venaient d'obtenir leur indépendance, la France préféra ______________________________ [15]; elle ne voulait pas qu'on pense qu'elle ______________________________ [16] recoloniser l'Afrique. Quelques années après, pourtant, du fait que c'est un pays d'expression française important, la France s'associa aux Etats africains. A ce moment-là, le Canada et la Belgique ______________________________. [17]

firent de même
se tenir à l'écart
empêché
cherchait à

La francophonie ayant fini par ______________________ [18] l'Europe et l'Amérique, il fallut ______________________ [19] bien des choses. Un congrès eut lieu à Niamey en 1970. Lors de ce congrès, l'ACCT fut ______________________ [20].

constitué
inclure
changer

L'objectif ______________________ [21] de la francophonie n'est plus le même: à présent, les Etats membres de l'ACCT ______________________ [22] de ______________________ [23] la langue française. En outre, les Etats membres s'entraident dans bien d'autres ______________________, [24] surtout celui de l'éducation.

s'efforcent
actuel
domaines
défendre

ECHANGES

G Répondez oralement aux questions suivantes.

A votre avis...

1. pourquoi, dans plusieurs pays africains, faut-il une langue «officielle»? Dans certains de ces pays, qui parle cette langue—une majorité ou une minorité? Pourquoi?
2. pourquoi parle-t-on français dans plus de vingt pays africains?
3. quel est l'apport des Africains au mouvement francophone? et l'apport européen et nord-américain?

POUR MIEUX COMPRENDRE

Beaucoup de gens croient que la francophonie provient de la France, mais ce que vous allez entendre vous montrera qu'elle a commencé en Afrique. Tout en écoutant, soyez attentif/ive aux origines de la francophonie et aux premiers objectifs du mouvement aussi bien qu'aux changements qu'il a subis. Soyez également attentif/ive aux groupes de mots qui exprimeront une relation de cause à effet: «Senghor a donc imaginé… ; dans ces conditions, il n'est pas étonnant que… ; comme beaucoup de nations venaient d'obtenir leur indépendance… ; la France ne pouvait plus… du seul fait que… .»

VOUS ETES A L'ECOUTE

Les activités que vous avez faites jusqu'ici vous ont préparé(e) à l'écoute du texte qui va suivre. Maintenant, écoutez.

H (Première écoute) Indiquez si les déclarations suivantes sont vraies ou fausses. Rectifiez toute déclaration fausse dans l'espace donné.

	V	F
1. Le mot «francophonie» est devenu courant en 1960 grâce à un écrivain tunisien.	❑	❑
2. La francophonie est d'origine africaine et, pendant quelques années, le mouvement se développa en dehors de la France.	❑	❑
3. Au départ, tous les dirigeants africains voulaient unir les peuples africains par une langue officielle africaine.	❑	❑
4. D'abord, la France se tint à l'écart du mouvement francophone parce qu'elle en voulait (*was angry*) aux nations africaines qui venaient d'obtenir leur indépendance.	❑	❑
5. Quelques années plus tard, cependant, la France a soutenu la francophonie, car, en raison de son histoire et de sa langue, elle est le pays d'expression française le plus important du monde.	❑	❑
6. Au même moment, la Belgique et la Suisse ont fait comme la France.	❑	❑

____

____

____

____

____

I (Deuxième écoute) Avant d'écrire, rembobinez la cassette et, tout en écoutant le texte une deuxième fois, complétez les phrases suivantes.

1. C'est à Niamey que l'on décida, en 1970, de ______________________________ ______________________________________, ou ACCT, qui est maintenant ______________________________ intergouvernementale des Etats francophones.

2. Aujourd'hui, les Etats membres ou associés de l'ACCT s'efforcent de propager ou ______________________ ce n'est pas tout; ils ______________________ ______________________________ dont l'éducation.

3. En Afrique, l'éducation est un domaine extrêmement important car, plus de ________ ____________________ ne savent ni lire ni écrire, et au moins ________________ ______________ ne vont pas à l'école. Donc, il faut apprendre à lire aux adultes et il faut également ____.

4. Le rôle de l'Afrique (dans la francophonie) est toujours essentiel parce que ________ ____________________________ des pays francophones ______________________ ____________________.

Après avoir écouté

 L'une des deux activités au choix:

1. En partant des données des deux exercices précédents (a) préparez un plan détaillé du texte que vous venez d'entendre; (b) en vous servant de ce plan, parlez de l'Afrique dans le cadre de la francophonie à un(e) camarade de classe.
2. En partant des données des deux exercises précédents, posez six questions concernant la francophonie. Utilisez les mots et groupes de mots suivants dans vos questions: «pourquoi, quand, en quelle année, à quel moment, dans quelle mesure, jusqu'à quel point. » Evitez les questions auxquelles on peut répondre par un seul mot.

De la pensée à la parole

 Vous êtes le professeur Bekkai et vous préparez une conférence sur l'homme d'Etat Léopold Sédar Senghor. En partant des éléments suivants, écrivez votre discours. Ecrivez-le au présent.

Introduction

- *Qui est-ce? Un homme de lettres éminent; un des plus grands intellectuels de l'Afrique contemporaine; homme d'État*
- *a eu beaucoup d'influence sur les jeunes nations africaines*

Ses débuts

- *né au Sénégal en 1906*
- *langue maternelle: le Sérève mais ceci ne l'empêche pas de faire ses études à Paris*
- *étudiant au lycée Louis Legrand (lycée parisien prestigieux); c'est là qu'il rencontre Georges Pompidou (futur président français)*
- *admis ensuite à l'Ecole normale supérieure (Grande École. C'est là qu'on forme les enseignants de haut niveau.)*

– *fin de ses études en 1936: agrégé (titre prestigieux) de grammaire à la Sorbonne; premier agrégé noir en France*
– *devient professeur*
– *professeur de français de 1935 à 1948, d'abord à Tours, plus tard à Paris*
– *président de la république du Sénégal*

Dans l'activité K vous avez esquissé les premières phases de la carrière de Léopold Sédar Senghor. Ici, nous parlons de l'homme de lettres.

Léopold Sédar Senghor

L'écrivain Senghor est à la fois un poète et un essayiste. Son premier livre, publié en 1945, a été un recueil de poèmes intitulé *Chants d'ombre*. Senghor est un poète lyrique. Cela veut dire qu'il se sert de rythmes et d'images pour exprimer ses sentiments intimes et pour communiquer ses émotions. Les rythmes et les images représentent l'Afrique, mais la langue qu'il utilise est le français. Dans ses poèmes, il nous fait entendre l'équivalent d'une musique hybride dont les sons européens ont été produits par des instruments africains. Sa poésie pourrait également être comparée à un miroir, où une notion qu'il appelle la «négritude» se réfléchirait constamment sur l'Occident.[1] Grâce à ce miroir, il nous fait découvrir les beautés de la civilisation de l'Afrique noire et une vision du monde propre à ses habitants.

Les essais de Senghor traitent surtout de philosophie, de politique et d'économie. La majorité d'entre eux ont été groupés en une série de quatre volumes dont le titre principal est

[1] *Western world*

Liberté. Le premier volume a été publié en 1964 et le dernier en 1983.

25 Il y a dans toute l'œuvre littéraire de Senghor–dans ses poèmes comme dans ses essais–une affirmation continue des valeurs africaines. On y trouve souvent une critique de l'Occident et une révolte contre l'oppression de 30 l'Afrique par l'Europe, mais les reproches sont presque toujours compensés par une défense de la francophonie et de la culture européenne. En 1963, ce grand écrivain sénégalais a obtenu le prix international de la poésie. En 1983, il a été le premier Africain élu à la célèbre Académie française.

Léopold Sédar Senghor, premier président du Sénégal.

L En vous basant sur le texte, répondez aux questions suivantes par des phrases complètes.

1. Qu'est-ce que c'est que la poésie «lyrique»? ______________________

____

____

2. Pourquoi peut-on qualifier la poésie de Senghor d'«hybride»? ______________________

____

____

3. De quoi les essais de Senghor traitent-ils? ______________________

____

____

4. Qu'est-ce que Senghor reproche à l'Europe? Qu'est-ce qui compense ces reproches?

____

____

5. Qu'est-ce qui s'est passé en 1963? en 1983? ______________________

____

____

M Comparez vos rédactions (activité K) avec celles d'un(e) partenaire. Après, un(e) volontaire parlera à toute la classe réunie des débuts de la carrière de Senghor et puis, un(e) autre parlera de sa carrière littéraire.

On sait se débrouiller

1. Qu'est-ce que c'est que la «négritude»? Etudiez ce terme à la bibliothèque et parlez-en à vos camarades de classe.

2. Allez louer une vidéo documentaire sur un pays de l'Afrique francophone. Avec des camarades de classe, vous présenterez la vidéo aux autres membres de la classe. Si la bande sonore n'est pas en français, supprimez le son et écrivez votre propre texte que vous lirez, tout en projetant le film.

3. Feuilletez (*Skim*) un journal ou un magazine sur l'Afrique comme *Jeune Afrique.* Trouvez un article que vous aimez et faites-en part à vos camarades de classe.

4. Voici un jeu de rôles: vous êtes au souk au Maghreb. Pour faire cette activité, tous les étudiants auront apporté un objet quelconque (*any ordinary object.*) Il y aura huit à dix marchands et des acheteurs. Pour créer une ambiance de souk, voici quelques suggestions: (a) Faites jouer de la musique maghrébine ou orientale; (b) faites brûler de l'encens; (c) arrangez le mobilier de façon à donner l'impression d'un espace fait de coins et recoins (*nooks and crannies*); (d) apportez des pâtisseries maghrébines, libanaises (ou grecques) que les acheteurs et marchands pourront grignoter (*munch on*) tout en négociant.

    - Achetez quelque chose, mais seulement après avoir négocié son prix pendant plusieurs minutes, car, dans les souks, le premier prix qu'on vous cite est souvent trop élevé. Evidemment, vous négocierez en dirhams (1 franc = 1 dirham), la monnaie du Maroc.

EXPRESSIONS UTILES

Pour faire baisser le prix:
C'est trop cher pour moi.
Je n'ai pas assez sur moi.
A côté, c'est moins cher.
Si vous baissez jusqu'à (mille), je le prends.

Pour dire qu'on accepte le marché :
D'accord, marché conclu./
L'affaire est faite./
Entendu.

- Au cours de votre négociation avec le marchand marocain, vous avez sympathisé. A présent, vous êtes tous les deux assis par terre (sur un tapis «persan»), en train de prendre le thé (avec des pâtisseries). Le marchand marocain vous parle de sa famille en vous montrant des photos. Vous faites de même. Vous vous posez également beaucoup de questions sur vos deux pays.

Chapitre 12

Le français de France et le français du Québec

Le festival de jazz à Montréal

Pour démarrer

 Décrivez en détail la photo. Imaginez que vous êtes au festival de jazz à Montréal en juillet. Qu'est-ce que vous y faites? Avec qui? Pendant combien de temps? Décrivez une soirée inoubliable passée dans le quartier Saint-Denis, quartier dont on dit qu'il rappelle le Quartier latin à Paris. Faites preuve d'imagination.

De quoi s'agit-il?

Aperçu

Dans l'exposé que vous allez entendre, on va vous parler des différences essentielles qu'il y a entre deux dialectes du français: le français de France et celui du Québec. Vous allez apprendre que le vocabulaire, la prononciation et la grammaire de ces deux dialectes ne sont pas toujours pareils mais que, malgré les différences, les Français et les Canadiens francophones se comprennent assez facilement.

Phrases indicatrices

Voici quelques phrases-clés qu'il faudrait comprendre avant de commencer l'enregistrement.

1. La plupart des mots qu'on utilise en France et au Québec sont identiques. Cependant, un petit nombre d'entre eux ne signifient pas toujours la même chose.
2. La majorité des voyelles et des consonnes présentent des caractères identiques dans les deux pays, mais certains sons ne s'entendent pas toujours dans l'une des deux langues.
3. C'est donc dans le domaine de la grammaire que les disparités entre les deux langues se remarquent le moins et c'est dans celui de la prononciation qu'elles sont les plus évidentes.

B A tour de rôle, épelez les mots suivants. (Les mots soulignés sont soit des mots québécois soit des mots français qu'on utilise différemment au Canada.)

Un peu de révision:

é se dit «e accent aigu»
è se dit «e accent grave»
ô se dit «o accent circonflexe»
ï se dit «i tréma»
ç se dit «c cédille»

N.B. Parfois, au lieu de dire «e accent aigu», on prononce tout simplement la lettre: *é*.
Deux consonnes, par exemple *ss*, *tt*: on dit «deux *s*», «deux *t*» (au lieu de répéter deux fois la même lettre).

1. magasinage
2. chum
3. apprennent
4. piastre
5. élèves
6. tantôt
7. char
8. commençâmes
9. traversier
10. (votre nom de famille)

 Remplissez le tableau suivant par l'équivalent du mot donné dans l'autre langue. (Pour vous aider, regardez l'activité D.)

QUÉBÉCOIS	FRANÇAIS DE FRANCE
le magasinage	*le shopping*
le chum	______________
______________	le ferry-boat
la piastre	______________
tantôt	______________
______________	le week-end
le char	______________
______________	nous

Avant d'écouter

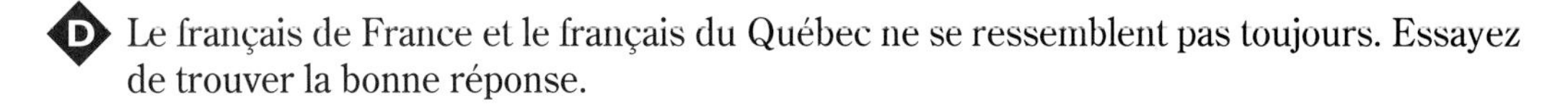 Le français de France et le français du Québec ne se ressemblent pas toujours. Essayez de trouver la bonne réponse.

1. «Une piastre», c'est... (a) une femme pirate (b) un dollar (c) une lame de rasoir.
2. Au Québec, quand on fait du «pouce», on... (a) fait de l'auto-stop (b) indique par un geste que tout va bien (c) heurte (*bump into*) quelqu'un.
3. A Montréal, une «ben bonne vue» c'est... (a) un très bon film (b) une très belle vue (c) une belle peinture.
4. En France, on dit «mon copain/ma copine». Au Québec, on dit... (a) mon frangin/ma frangine (b) mon chum/ma blonde (c) mon coq/ma poule.
5. En France, on tombe «amoureux de quelqu'un». Au Canada, on tombe... (a) en amour avec quelqu'un (b) amoureux de quelqu'un (c) en amour de quelqu'un.
6. En France, pour répondre à quelqu'un qui vous remercie, vous dites «Il n'y a pas de quoi!» ou «De rien.» Souvent, au Québec, on répond... (a) «Adieu.» (b) «A votre service.» (c) «Bienvenu(e).»
7. En France, on rencontre son ami «dans la rue». Au Québec, on le rencontre... (a) sur la rue (b) dans la rue (c) à la rue.
8. Au Québec, l'expression «A tantôt» veut dire... (a) «A demain.» (b) «A tout à l'heure.» (c) «On se téléphone très tôt demain matin.»
9. Au Québec, le plus souvent, «un char», c'est... (a) un véhicule militaire (b) une automobile (c) une voiture de sport.

10. Au Québec, «le souper», c'est... (a) le petit déjeuner (b) le déjeuner (c) le dîner.

11. Votre copine est partie «magasiner». Autrement dit, elle est partie... (a) faire ses courses (b) lire un magazine (c) faire des photos.

12. Au Québec, «Bonjour!» veut dire... (a) seulement «bonjour» (b) seulement «au revoir» (c) parfois «bonjour», parfois «au revoir».

E Que savez-vous sur le Québec et le Canada? Dans chaque série, trouvez l'intrus. Pour vous aider, nous vous donnons des indices (*clues*) entre parenthèses.

1. Chicoutimi, Hull (/ɔl/), Montréal, Québec, Sault-Sainte-Marie (Une de ces villes se trouve en Ontario; les autres sont au Québec.)

2. la Colombie-Britannique, l'Ontario, le Québec, la Saskatchewan, Terre de feu (A part l'intruse, toutes sont des provinces canadiennes.)

3. le lac Erié (/eʀje/), le lac Huron, le lac Michigan, le lac Ontario, le lac Supérieur (Un de ces grands lacs se trouve complètement à l'intérieur des Etats-Unis; les autres sont conjointement gérés (*administered*) par le Canada et les Etats-Unis.)

4. Kim Campbell, René Lévesque, Brian Mulroney, Pierre Trudeau (Tous ont été premier ministre du Canada sauf l'intrus qui a été premier ministre du Québec.)

5. Air Canada, Air Ontario, Canadian, Via (L'intrus n'est pas une compagnie aérienne, mais le chemin de fer canadien.)

6. l'Alberta, la Colombie-Britannique, la Nouvelle-Ecosse (*Nova Scotia*), l'Ontario, le Québec (Toutes ces provinces canadiennes ont une population supérieure à 1 000 000 d'habitants sauf l'intruse.)

7. Toronto, Ottawa-Hull, Montréal, Vancouver (A part l'intruse, toutes ces agglomérations ont plus d'un million d'habitants.)

8. Le Canada, l'Espagne, les Etats-Unis, la France, le Japon (L'intrus n'est pas un membre du G7 [le groupe des sept grands pays industrialisés].)

F Essayez de trouver la bonne réponse, puis vérifiez vos réponses.

1. La capitale du Canada, c'est... (a) Toronto (b) Montréal (c) Ottawa.

2. La fête nationale canadienne est... (a) le 14 juillet (b) le 15 juillet (c) le 1er juillet.

3. Vrai ou faux? Le drapeau canadien porte... (a) une feuille d'érable (*maple*) blanche sur un fond (*background*) rouge (b) une feuille d'érable rouge sur un fond blanc (c) une feuille d'érable noire sur un fond rouge.

Il y en a qui aiment le soleil et il y en a d'autres qui adorent la neige.

4. La devise (*motto*) de la province de Québec est... (a) «Vive le Québec libre!» (b) «Québec, la belle province.» (c) «Je me souviens.»
5. La télévision canadienne francophone s'appelle... (a) la RTC (Radio-télévision du Canada) (b) la SRC (Société Radio-Canada) (c) la RTFC (Radio-télévision francophone du Canada).
6. En 1989, au Québec, on comptait près de 7 millions d'habitants. Selon le recensement, les francophones représentent... (a) moins de 60% de la population totale (b) plus de 90% de la population totale (c) entre 80 et 85% de la population totale.
7. Un Canadien sur_______ est francophone. (a) trois (b) quatre (c) cinq
8. _______ pour cent des Canadiens sont bilingues. (a) Moins de 10 (b) Entre 15 et 20 (c) Entre 25 et 30
9. La plus grande agglomération canadienne est... (a) Montréal (b) Toronto (c) Vancouver.
10. En France, les films franco-canadiens sont... (a) offerts en version originale (b) sous-titrés, tellement le français du Canada est différent du français de France (c) doublés, tellement le français du Canada est différent du français de France.

G Qu'avez-vous appris? Sans regarder les exercices précédents, répondez oralement aux questions suivantes.

1. «Traduisez» les mots ou groupes de mots suivants en français de France: (a) Bienvenu! (b) ma blonde (c) un char (d) magasiner (e) une piastre (f) faire du pouce (g) le souper (h) une vue.
2. Quelle est la date de la fête nationale canadienne? Décrivez le drapeau canadien.
3. Quelle est la capitale du Canada? Et la plus grande ville du Canada? Nommez deux autres grandes villes canadiennes.
4. Nommez au moins trois provinces canadiennes.
5. Comment s'appelle le chemin de fer canadien? Et la télévision francophone du Canada?
6. En 1989, combien d'habitants a-t-on recensés au Québec? Combien de ces habitants sont francophones? Quelle est la devise de la province de Québec?
7. Quel est le pourcentage de Canadiens bilingues?

Stratégie d'écoute

Vocabulaire

H Remplacez les mots (ou groupes de mots) soulignés par les synonymes dans la liste suivante. *Récrivez toute la phrase.* (Attention: certaines de ces phrases ne racontent pas la vérité.)

au lieu de	les mêmes	une sphère
différences	normes	tandis que
des difficultés	ou... ou	terme
emprunter à	probablement	tout à fait
n'entend presque pas	la signification	des traits
majorité	ne sont presque pas semblables	

		V	F
1.	Le français du Québec et le français de France ne sont pas complètement pareils. En fait, les disparités entre les deux langues sont souvent énormes. Ainsi, on peut dire que les deux dialectes ne se ressemblent guère. Cela dit, les règles de l'orthographe sont exactement les mêmes.	❑	❑
2.	Quelquefois, on emploie le même vocable dans les deux dialectes, mais le sens du mot change d'un pays à l'autre.	❑	❑
3.	Les Français de France tirent des mots comme «week-end» de l'anglais alors que, dans ce cas précis, un Canadien francophone dirait «fin de semaine».	❑	❑
4.	A la place de «traversier», les Canadiens francophones disent «ferry-boat».	❑	❑
5.	Il y a aussi des termes qu'on utilise seulement au Québec. Par exemple, pour un Québécois, un «char» est soit une automobile, soit un bateau.	❑	❑
6.	Un autre domaine dans lequel on trouve des différences entre les deux dialectes est la prononciation. Au Québec, les voyelles présentent parfois des caractères particuliers.	❑	❑
7.	Par exemple, au Québec, dans le mot «éducation», on entend à peine la voyelle *u*. Et le mot «dîner» se prononce comme si c'était écrit «dziner».	❑	❑

	V	F
8. De temps en temps, il arrive aux Québécois et aux Français d'avoir du mal à se comprendre, mais, dans la plupart des cas, ils se comprennent. C'est sans doute parce qu'il y a environ seulement 10% de différences entre ces deux dialectes du français.	❑	❑

____

____

____

____

ECHANGES

I Relisez vos phrases de l'activité précédente. Indiquez si, à votre avis, ces déclarations sont vraies ou fausses.

1. V F
2. V F
3. V F
4. V F
5. V F
6. V F
7. V F
8. V F

POUR MIEUX COMPRENDRE

Comme on va vous parler des différences essentielles entre le français de France et le français du Québec, soyez attentif/ive aux locutions dont le narrateur se servira pour distinguer une chose d'une autre: le français de France *n'est pas tout à fait pareil au* français du Québec; *ne signifient pas toujours la même chose; à la place de;* les sens canadiens et français *diffèrent; au lieu de* dire «char», un Français *dirait* «voiture»; en France, le son /y/ est très clair *tandis qu'*au Québec...

VOUS ETES A L'ECOUTE

Les activités que vous avez faites jusqu'ici vous ont préparé(e) à l'écoute du texte qui va suivre. Maintenant, écoutez.

J (Première écoute) Vérifiez vos réponses de l'activité I. Si nécessaire, rectifiez les erreurs.

K (Deuxième écoute) Avant d'écrire, rembobinez la cassette et écoutez le texte encore une fois. Puis, remplissez les blancs dans le schéma suivant.

1. *Le français de France vs. le français du Québec*

a. les règles de l'______________________ sont les mêmes

b. mais il y a des différences de ______________________, de ______________________, de grammaire

c. en réalité, les particularismes du français québécois ne représentent que moins ____________ pour cent du répertoire linguistique ______________________ ______________________

2. *Les différences de vocabulaire*

a. la plupart des mots usités au Québec et en France sont ____________________

b. mais un petit nombre d'entre eux ______________________________

____

Exemple:____

____

3. *Les différences de vocabulaire, suite*

a. deux exemples qu'on n'entend pas au Québec:

en France, on dit: au Québec, on dit:

week-end ___________________________

ferry-boat ___________________________

b. des termes qu'on utilise principalement en Amérique du Nord: des mots ____________________, comme ____________________; de vieux mots qui ne sont plus usités en France: un «char». En France, ça veut dire __________ ____; au Québec, ça veut dire ____.

4. *Différences de prononciation*

a. Dans les deux pays, la ____________________ des consonnes et des voyelles présentent ____ ______________________.

b. différences: (1) en France, le son _______ est très clair dans le mot__________ ___________, mais au Québec on l'entend ____________________. (2) «On ne fait pas ça.» Au Québec, on prononce le ____________________.

(3) Dans le mot ______________, la voyelle *u* se prononce de façon différente.

(4) Au Québec, le mot ______________ se prononce un peu comme le mot anglais *fight.* (5) Au Québec, le mot ______________ se prononce ______________.

5. *Différences grammaticales*

Au Québec, la forme ____________________ se substitue à *nous.*

6. *Résumé*

a. C'est dans le domaine de la ____________________ que les disparités __________________________ le moins; c'est dans celui de la __________________________________ qu'elles sont ______________ ____________________.

b. Dans la plupart des cas, __________________________________ assez ____________________.

Après avoir écouté

L En partant des données de l'activité précédente, résumez oralement les principales différences entre le français de France et le français du Québec.

De la pensée à la parole

Quand les Québécois dénoncent le colonialisme culturel français

Grand débat radiophonique sur Radio Windsor,[1] entendu récemment au Michigan entre Détroit et Chicago. Il s'agissait de faire valoir des opinions contradictoires sur le lancement de la chaîne de télévision québécoise TVFQ 99 qui va diffuser chaque année plus de 2 000 heures de productions françaises, ce que les organisations des comédiens du Québec considèrent comme un acte de «colonialisme» et de «dumping» culturels. «Nous sommes des Nord-Américains parlant français plus que des Français de l'Amérique du Nord», rappellent-ils.

«Ayons notre propre dynamisme; ce n'est pas en faisant venir Paris qu'on va être plus dynamiques», renchérissent les opposants au projet; tandis que ses défenseurs poussent à l'avantage qu'il y aura à profiter de l'impact culturel de la France, dont la télévision montre un aspect plus verbal et moins tapageur[2] que sa consœur américaine. Mais les contradicteurs estiment qu'il serait dommageable, si l'on ne s'efforçait pas plutôt de préserver et d'enrichir l'expression audio-visuelle propre au Québec, que le public soit contraint au choix suivant: «La tuberculose de la télévision française», face au «cancer de la télévision américaine...»

[1] «La station qui vous informe et vous divertit en français.» [2] *flashy, showy*
Source: Michel Gabrielli, *Courants d'air en passant*, pp. 87–88.

M Après avoir lu l'extrait de *Quand les Québécois*... répondez, en quelques lignes, aux questions suivantes: Selon vous, quelle est l'attitude du Québécois moyen envers les Etats-Unis? envers le Canada? envers la France? Quelle(s) conclusion(s) pouvez-vous en tirer? Que pensez-vous de cette attitude? En quoi une telle attitude est-elle bonne ou mauvaise pour le Québec? pour le Canada?

____

____

____

____

 Comparez vos réponses avec celles d'un autre membre de la classe.

On sait se débrouiller

1. Comparez des publicités de magazines québécois et de magazines français. En quoi ces publicités se ressemblent-elles? En quoi sont-elles différentes?
2. Organisez un jeu télévisé (avec équipement vidéo, si possible). A vous de déterminer le format du jeu. Préparez des questions sur le Canada et sur les autres pays de la francophonie en vous basant sur les renseignements donnés dans les Chapitres 10 à 12.
3. Allez louer un film québécois et visionnez-le chez vous avec d'autres membres de votre classe. Faites un résumé de l'intrigue et dites ce que vous pensez du film. La culture québécoise (telle qu'elle est présentée dans le film) vous semble-t-elle plutôt française, plutôt nord-américaine ou présente-t-elle des caractères des deux cultures? Justifiez votre réponse.

Contrôle 4

Vous etes a l'ecoute

Je suis francophone

Xavier parle de la francophonie. Ecoutez le texte et répondez aux questions suivantes par des phrases complètes. (Vous entendrez le texte deux fois.)

1. De quoi Xavier a-t-il conscience? ______________________________

2. Quelles sont les quatre langues officielles en Suisse? Selon Xavier, une majorité de Suisses sont-ils francophones? ______________________________

3. Quel sentiment les francophones du monde entier partagent-ils? ______________________________

4. Les Suisses disent «septante», «octante» et «nonante». Que disent les Français à la place? Quel est l'avis de Xavier sur ce point? ______________________________

5. Pourquoi appelle-t-on les francophones «des cousins»? ______________________________

Deux cousines

Pierrette Martinet, canadienne française, fait un séjour à Paris chez sa cousine Marie-Hélène. Toutes deux s'apprêtent à sortir. Ecoutez la conversation et reliez les mots ou groupes de mots de la colonne A aux mots ou groupes de mots correspondants dans la colonne B. (Vous entendrez le texte deux fois.)

	A		B
1.	_______ faire du magasinage	**a.**	faire de la monnaie
2.	_______ un char	**b.**	un feu
3.	_______ un arrêt	**c.**	accélérer
4.	_______ appuyer sur la pédale	**d.**	une voiture
5.	_______ une lumière	**e.**	prendre immédiatement à droite
6.	_______ faire un sharp curve à droite	**f.**	un stop
7.	_______ avoir du change	**g.**	faire du shopping
8.	_______ qui nous mêlent	**h.**	que nous ne comprenons pas

UNITE 5

Applications

C'est le colonel Moutarde . . .

dans le salon . . . avec la corde.

Avez-vous jamais joué

au Cluédo?

Le Sensationnel
LES EXTRA-TERRESTRES A PARIS
Combat Familial:
Femme1, Mari0

CHAPITRE 13

L'incident de la Gare de Lyon

Que s'est-il passé à la Gare de Lyon?

De quoi s'agit-il?

Aperçu

Quelque chose d'étrange s'est passé dans une gare de chemin de fer une nuit à Paris. Votre but est d'essayer de découvrir ce qui s'est passé à partir des points de vue de toutes les personnes mêlées à cet incident.

Phrases indicatrices

Voici quelques phrases-clés qu'il faudrait comprendre avant de commencer l'enregistrement.

1. Oui, des boules orange… venues du ciel… Elles descendaient du ciel.
2. Qui étaient ces deux personnes englouties par ces boules orange?
3. Vous savez, ça fait un bail que j'traîne dans les gares.
4. Ils vous gardent un bout d'temps, et puis ils vous ramènent là où vous voulez aller.

 A faire d'abord par écrit ou à discuter avec un(e) partenaire, puis à discuter avec toute la classe réunie. En partant des indices donnés, à votre avis, qu'est-ce qui s'est passé dans la gare de Lyon?

Avant d'écouter

 Lisez le communiqué de presse suivant, puis répondez aux questions par des phrases complètes.

Fait inhabituel à la Gare de Lyon

Une secousse[1] **inexplicable** a été enregistrée dans le quartier de la Gare de Lyon peu de temps après 22 heures la nuit dernière. Les sismologues ont été incapables d'expliquer la cause du tremblement et le fait qu'il se soit limité à une aussi petite zone. Le professeur Nicole Marzac de l'Académie des Sciences a qualifié ce fait de: «caprice de la nature, une de ces choses que la science ne peut expliquer».

Les responsables de la SNCF ont signalé que plusieurs voies[2] des lignes TGV en direction du sud sont endommagées, comme «fondues» selon une source. Tous les dégâts[3] sont circonscrits dans un seul périmètre de plusieurs mètres carrés. Le directeur des relations publiques de la SNCF, Philippe Saunier, a déclaré à propos de l'incident: «C'est fort étrange, mais rien à quoi la SNCF ne puisse pas faire face».

Une passagère de la SNCF, Joëlle Chevalier, âgée de 24 ans et résidant à Versailles, a affirmé avoir vu des lumières d'une forte intensité dans la gare peu de temps avant la secousse. Elle a également déclaré avoir entendu une vibration assourdissante. Aucun autre témoin n'est en mesure de commenter l'incident.

[1] *jolt* [2] *tracks* [3] *damage*

1. Qu'est-ce qui a été enregistré aux environs de la Gare de Lyon? A quelle heure? ____

2. Qu'en disent les sismologues? Et le professeur Nicole Marzac? ____

3. Qu'est-ce que les responsables de la SNCF ont signalé? ____

4. Qu'est-ce que Joëlle Chevalier affirme avoir vu? ____

C Lisez l'article de journal suivant, puis résumez-le en vingt mots maximum dans l'espace donné.

Toujours pas de trace des amants en fuite

La police avignonnaise est toujours à la recherche de deux personnes qui ont été signalées disparues pour la première fois par leurs familles il y a une semaine. Ces deux personnes, Pascal Oudinot, âgé de 19 ans, et Véronique Sainclerc, âgée de 17 ans, se sont apparemment enfuies le 10 octobre, après avoir vainement tenté à plusieurs reprises de convaincre leurs parents de les laisser se marier.

La police a assuré aux parents du jeune couple qu'elle allait continuer à chercher Pascal et Véronique, «et remuer ciel et terre s'il le faut».

D Interviewez un(e) camarade de classe. A son avis, quel lien peut-il y avoir entre les deux jeunes personnes qui se sont enfuies et l'incident de la Gare de Lyon? Il faut émettre au moins deux hypothèses.

E Tous les groupes réunis feront part de leurs hypothèses. Retenez-en les meilleures. Inscrivez-les au tableau.

Vous êtes à l'écoute

Les activités que vous avez faites jusqu'ici vous ont préparé(e) à l'écoute des deux textes qui vont suivre. Maintenant, écoutez.

F Flash Infos (*Special Report*): Premier témoignage. Germaine Chevral, journaliste pour une chaîne de télévision française, interroge Joëlle Chevalier, témoin de l'incident. Tout en écoutant l'enregistrement, indiquez si les déclarations suivantes sont vraies ou fausses. Rectifiez les fausses déclarations.

		V	F
1.	Joëlle Chevalier montait dans le train.	❑	❑
2.	Les boules venaient de l'intérieur du train.	❑	❑
3.	Il y avait encore deux personnes dans la dernière voiture.	❑	❑
4.	Quand une lumière très vive est apparue, Joëlle Chevalier s'est mise à courir.	❑	❑
5.	Les boules étaient environ de la grosseur d'un ballon de football.	❑	❑
6.	Les boules ont aspiré deux jeunes personnes.	❑	❑
7.	L'homme à côté de Joëlle a volé son baladeur.	❑	❑

Utilisez cet espace pour rectifier les fausses déclarations.

G Dans l'espace donné, écrivez quelques phrases détaillant le rôle probable de Pascal Oudinot et de Véronique Sainclerc dans cette histoire.

H Un deuxième témoignage. Cette fois, il s'agit d'un sans-abri (*homeless person*) qui prétend (*claims*) avoir tout vu. Ecoutez son témoignage, puis cochez chacune des déclarations qui reflètent le contenu de son témoignage. (N.B. L'homme qui parle a un langage assez négligé. Il y a beaucoup de contractions et de mots d'argot. Essayez donc de comprendre l'essentiel de ce qu'il dit.)

_______ Moi aussi, je l'ai vu.

_______ Je leur ai même offert à boire!

_______ Ça fait longtemps que je vis dans les gares.

_______ Je dors n'importe où dans les gares.

_______ Ce genre d'enlèvement n'arrive jamais dans les gares.

_______ Moi-même, j'ai été enlevé (kidnappé) il y a quelques mois.

_______ Ils vous gardent pendant un certain temps, puis ils vous libèrent. Il n'y a pas de raison d'avoir peur d'eux: ils sont très sympathiques.

Après avoir écouté

1 A discuter, débattre ou développer avec un(e) partenaire, par petits groupes, ou avec tous les membres de la classe réunis, selon la volonté du professeur.

1. Les deux témoignages sont plausibles. De plus, on peut se fier aux deux témoins.
2. Racontez ce qui s'est «réellement» passé à la Gare de Lyon. Pour commencer, répondez aux questions suivantes: Qui sont- «ils»? D'où viennent- «ils»? (Plusieurs réponses sont possibles.)
3. Racontez ce qui s'est passé du point de vue de Pascal Oudinot et de Véronique Sainclerc.
4. Les extra-terrestres existent, mais les informations à leur sujet sont gardées secrètes par les autorités.

Les Martiens attaquent!

On sait se débrouiller

Scénarios à développer et à jouer devant les autres membres de la classe.

1. Vous êtes des extra-terrestres et vous organisez votre invasion de la planète Terre. Vous allez commencer par la France. Alors, pour vous entraîner, vous tenez votre réunion en français.
2. Vous travaillez pour une agence de publicité. Vous discutez de votre campagne publicitaire pour lancer la gamme (*line*) de produits «Vénus».
3. Vous êtes un producteur (une productrice) de cinéma. Avec votre équipe de conseillers, vous essayez de trouver un moyen d'attirer l'attention du public pour le lancement de votre nouveau film, «Karaté Mec de Mars, Huitième Partie».

CHAPITRE 14

Les tourments de la vie conjugale

Mais ce n'est pas grave.

Ça s'arrangera,

je t'assure.

De quoi s'agit-il?

APERÇU

Depuis plusieurs mois, Thomas et Catherine s'entendent de moins en moins bien. Votre but est de dire s'ils doivent rester ensemble ou non, et pourquoi.

PHRASES INDICATRICES

Voici quelques phrases-clés qu'il faudrait comprendre avant de commencer l'enregistrement.

1. Je commence à penser que tu n'aimes pas être avec moi. On dirait que tu préfères passer tout ton temps au bureau plutôt qu'avec moi.
2. Je pense que nous devrions aller ailleurs, là où je pourrais trouver un travail intéressant.
3. Tu n'as simplement pas de chance en ce moment... Mais en attendant, tu ne pourrais pas t'occuper un peu de la maison?

A A faire d'abord par écrit où à discuter avec un(e) partenaire, puis à discuter avec toute la classe réunie. En partant des indices donnés, quels semblent être les problèmes dans le ménage (*marriage*) Thomas-Catherine?

CABINET CONSEIL

Aline Sourdel

DOCTEUR EN PSYCHOLOGIE

Clients: Thomas Vidal, Catherine Siguret-Vidal

Thomas et Catherine continuent à faire preuve d'un manque de communication profond et se montrent très entêtés face à leurs difficultés conjugales.

La séance de ce soir avait pour but principal de leur faire prendre conscience de ce qu'ils attendent exactement l'un de l'autre sur le plan du travail, des finances et des responsabilités domestiques.

Thomas a commencé par accuser Catherine de rencontrer d'autres hommes après son travail. Il a prétendu qu'elle évite délibérément de passer du temps avec lui. Catherine a dit: «Thomas s'imagine tout simplement des choses». Celui-ci a répondu que Catherine s'intéresse davantage à son travail qu'à lui.

Catherine a affirmé qu'elle avait dû faire des heures supplémentaires pour sa société de comptabilité. Elle a dit que ce supplément de travail est nécessaire car Thomas est au chômage. Elle a soutenu que leur situation financière «est un désastre». Thomas a répliqué que leur situation financière «n'est pas si mauvaise que ça». D'après lui, Catherine aime bien faire des heures supplémentaires parce qu'elle est un «bourreau de travail».

Catherine a accusé Thomas d'être paresseux car il ne l'aide pas à préparer les repas ou à faire le ménage. (A ce moment de la discussion, Thomas a quitté la pièce et j'ai dû le persuader de revenir.) Thomas a déclaré qu'il tenait la maison «suffisamment propre» et que Catherine était une «perfectionniste», que «rien ne pouvait la satisfaire».

Thomas, qui est photographe, a demandé à Catherine d'aller s'installer à Montréal où il pense pouvoir trouver du travail. Il a dit à Catherine: «Si tu m'aimais vraiment, tu me suivrais n'importe où». Catherine: «On dirait les paroles d'une chanson. Ce n'est pas réaliste». A ce moment-là, Thomas s'est fâché et a dit: «Mais qu'est-ce qui t'arrive? Comme tu as changé! Je n'arrive pas à y croire».

J'ai suggéré d'arrêter la séance à ce moment-là. J'ai demandé à Thomas et Catherine de réfléchir aux changements survenus en eux ces dernières années. Nous nous sommes mis d'accord pour nour revoir jeudi prochain à 19 heures 30.

Avant d'écouter

B Lisez le rapport au-dessus, puis répondez aux questions par des phrases complètes.

1. Selon la conseillère matrimoniale, quel est le problème de base dans le ménage de Thomas et de Catherine?

____

____

____

____

2. Quel est le but de la séance (*session*) de ce soir?

____

____

____

____

3. De quoi Thomas accuse-t-il Catherine?

____

____

____

____

4. Pourquoi Catherine fait-elle des heures supplémentaires?

____

____

____

____

5. Que répond Thomas à ce sujet?

____

____

____

____

6. De quoi Catherine se plaint-elle?

____

____

____

____

7. Qu'est-ce que Thomas répond à cela?

____

____

____

____

8. Pourquoi Thomas veut-il s'installer à Montréal?

____

____

____

____

9. Catherine est-elle d'accord pour déménager? Pourquoi?

____

____

____

____

10. Qu'est-ce que la conseillère demande au couple de faire?

____

____

____

____

C Rédigez un paragraphe en répondant aux questions suivantes: Ce genre de situation relève-t-elle de (*is it part of*) la vie de tous les jours? Connaissez-vous des ménages comme celui-ci? A votre avis, Thomas et Catherine peuvent-ils trouver une solution à leurs difficultés? Si oui, laquelle? Si non, pourquoi?

Rédigez votre paragraphe ici.

VOUS ETES A L'ECOUTE

Les activités que vous avez faites jusqu'ici vous ont préparé(e) à l'écoute des textes qui vont suivre. Maintenant, écoutez.

D Thomas est en train de parler à Catherine au téléphone. Vous entendez seulement ce que dit Thomas dans ce premier texte. Pendant que vous écoutez, prenez des notes pour répondre aux questions suivantes.

1. Pourquoi Thomas n'a-t-il pas pu faire les courses?

2. Qu'est-ce que Thomas commence à penser?

3. Qu'est-ce que Thomas aimerait que Catherine fasse?

____

____

____

____

4. Pourquoi Thomas est-il obligé d'accepter des «petits boulots»?

____

____

____

____

5. Qu'est-ce qu'il y a pour Thomas à Montréal?

____

____

____

____

6. De quoi Thomas a-t-il assez?

____

____

____

____

E Maintenant vous allez entendre la version de Catherine dans ce deuxième texte. Tout en écoutant, choisissez la proposition qui correspond le mieux au texte que vous entendez.

1. Catherine demande à Thomas de
  a. préparer le dîner.
  b. ranger la maison.
  c. faire les courses.

2. Catherine reste tard au bureau parce qu'elle
  a. travaille pour un photographe exigeant (*demanding*).
  b. est photographe indépendante.
  c. doit terminer un projet.

3. Catherine doit travailler parce que, selon elle,
  a. ils ont besoin de beaucoup d'argent.
  b. Thomas n'a pas encore trouvé un bon travail.
  c. Thomas veut s'occuper de la maison.

4. Selon Catherine, ce n'est pas la peine que
  a. Thomas accepte des petits boulots qui rapportent peu (*don't pay well*).
  b. Thomas gagne plus d'argent, puisqu'elle en gagne suffisamment.
  c. Thomas cherche un autre travail.

5. Catherine refuse d'aller à Montréal parce qu'elle
  a. a peur du métro.
  b. adore ses collègues.
  c. trouve son travail trop important.

Après avoir écouté

F Avec un(e) partenaire, dressez dans le tableau suivant une liste des qualités et des défauts de Thomas et de Catherine.

	QUALITES	DEFAUTS
Thomas	__________	__________
	__________	__________
	__________	__________
	__________	__________
	__________	__________
	__________	__________
	__________	__________
	__________	__________
	__________	__________
	__________	__________
Catherine	__________	__________
	__________	__________
	__________	__________
	__________	__________
	__________	__________
	__________	__________
	__________	__________
	__________	__________
	__________	__________
	__________	__________

G La classe se divisera en trois groupes. Chaque groupe écrira les paroles d'une chanson populaire française décrivant le ménage Thomas-Catherine d'un point de vue différent. Longueur de votre chanson: 8 à 10 vers (*lines*).

Groupe 1: le ménage Thomas-Catherine vu par Thomas.
Groupe 2: le ménage Thomas-Catherine vu par Catherine.
Groupe 3: le ménage Thomas-Catherine tel que vous le voyez.

H Chaque groupe lira ou chantera (!) sa chanson.

I Enquête: Thomas et Catherine doivent-ils se séparer ou rester ensemble? Chaque membre de la classe répondra à la question, tout en justifiant sa réponse.

On sait se débrouiller

Jeux de rôles pour deux ou trois personnes.

1. Jouez une scène de ménage (*argument*) entre Thomas et Catherine.
2. Les deux époux parlent de leurs difficultés devant le conseiller matrimonial (la conseillère matrimoniale).
3. Six mois après le fameux coup de téléphone, où en sont Thomas et Catherine? Les deux époux font le bilan de leur couple devant les caméras de la télevision.
4. Imaginez que Thomas et Catherine ont 45 ans. Vous êtes leur fils/fille de 18 ans. Qu'est-ce que vous leur conseillez de faire?

Chapitre 15

L'affaire des bijoux

Y trouve-t-on par hasard quelques-uns des bijoux de Madame Dupraz?

De quoi s'agit-il?

APERÇU

On a volé des bijoux. Votre but est de trouver qui a commis ce vol; pourquoi et dans quelles circonstances ce vol a eu lieu.

PHRASES INDICATRICES

Voici quelques phrases-clés qu'il faudrait comprendre avant de commencer l'enregistrement.

1. Nous étions assis dans la salle à manger quand les lumières se sont éteintes. Vous savez, il y a eu un violent orage la nuit dernière.
2. Quand la lumière est revenue, j'ai vu qu'il manquait des personnes.
3. J'ai pu voir grâce à la lumière des éclairs à travers les fenêtres. Elle était près de la chambre à coucher de Madame.

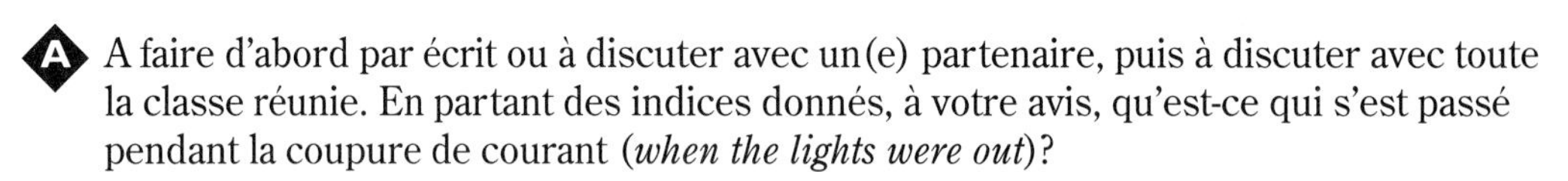

A A faire d'abord par écrit ou à discuter avec un(e) partenaire, puis à discuter avec toute la classe réunie. En partant des indices donnés, à votre avis, qu'est-ce qui s'est passé pendant la coupure de courant (*when the lights were out*)?

Avant d'écouter

B Dans l'espace suivant, décrivez les personnages du dessin. Décrivez aussi les relations interpersonnelles implicites.

C Lisez le rapport de l'inspecteur Taviani, puis répondez aux questions suivantes par des phrases complètes.

Le 24 septembre de cette année vers 23 heures, Anne-Marie Dupraz, demeurant 43 avenue de Longchamp à Chantilly, a découvert un vol à son domicile. Elle a déclaré que ses bijoux, estimés à une valeur de 5 millions de francs, ont été dérobés du coffret où elle les gardait.

A 9 heures 30 le 25 septembre, Madame Dupraz a téléphoné au commissariat de police pour déclarer la disparition de ses bijoux. J'ai été chargé de faire un rapport au domicile de Madame Dupraz. J'y suis arrivé à 10 heures 10. L'inspecteur Keriven, responsable des vols, est arrivé dans un autre véhicule à peu près au même moment. Il m'a chargé de faire un plan de la disposition de la maison et de détecter les empreintes digitales dans la chambre à coucher de Madame Dupraz, pièce (du premier étage) dans laquelle elle gardait son coffret à bijoux.

Un bout de corde de nylon, d'une longueur de 3,2 mètres et d'1 cm. de diamètre, a été trouvé à l'extérieur, par terre, sous la fenêtre nord de la chambre à coucher de Madame Dupraz. Il n'y avait pas d'empreintes de pieds dans le jardin sous cette fenêtre.

Les relevés d'empreintes digitales indiquent que seules les empreintes de Madame Dupraz et celles de sa femme de ménage, Françoise Ramirez, résidant à la même adresse, ont été détectées dans la chambre à coucher.

25 Madame Dupraz m'a remis une liste des noms et adresses des personnes qui se trouvaient au dîner à son domicile le 24 septembre, de 20 à 23 heures. Selon Madame Dupraz, ses invités et Mademoiselle Françoise Ramirez étaient les seules personnes présentes dans sa maison ce 24 septembre.

30 Madame Dupraz a dit que ses bijoux étaient tous assurés par Druel et Associés, 12 avenue de la République, à Senlis. Madame Dupraz a signalé la disparition de ses bijoux à la compagnie d'assurances.

Après avoir terminé la tâche qui m'était assignée, j'ai quitté

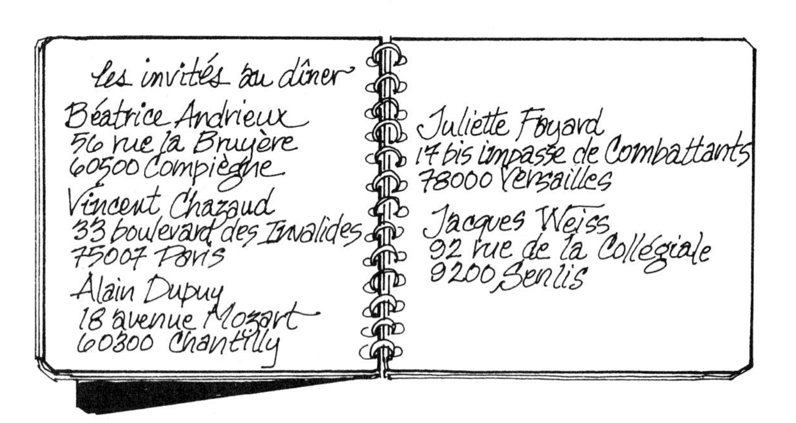

1. Combien valent les bijoux volés?

____

2. Qu'est-ce qui s'est passé à 9 h 30? et à 10 h 10?

____

____

____

3. Qui est l'inspecteur Keriven? Qu'est-ce qu'il a demandé à l'inspecteur Taviani de faire?

____

____

____

4. Qu'a-t-on trouvé à l'extérieur de la maison?

____

____

5. Qu'est-ce qu'on n'a pas trouvé sous la fenêtre?

____

____

6. Qu'indiquent les relevés d'empreintes digitales?

___

___

___

7. Qui était chez Madame Dupraz le 24 septembre?

___

___

8. A qui Madame Dupraz a-t-elle signalé la disparition des bijoux?

___

___

D Comparez vos descriptions (activité B) avec celles d'un(e) partenaire.

E Imaginez que vous et votre partenaire êtes les inspecteurs Keriven et Taviani. En bons détectives, vous avez déjà votre petite idée derrière la tête (*hunch*). Entre autres possibilités, 1° c'est Mme Dupraz qui a fait disparaître ses bijoux elle-même; 2° l'un des invités les a volés; 3° la femme de ménage les a volés; 4° ??? (à vous de trouver). Dans l'espace suivant, précisez *pourquoi* chacune de ces hypothèses est possible.

SUSPECTS:

1. Madame Dupraz: ___

___

___

___

2. L'un des invités: ___

___

___

___

3. Françoise Ramirez: ___

___

___

___

4. ___

___

___

___

F Comparez vos hypothèses avec au moins un autre groupe de deux personnes. Y a-t-il beaucoup de divergences?

VOUS ETES A L'ECOUTE

Les activités que vous avez faites jusqu'ici vous ont préparé(e) à l'écoute des textes qui vont suivre. Maintenant, écoutez.

G Dans ce premier texte, l'inspecteur Keriven interroge Madame Dupraz. Tout en écoutant, indiquez si les déclarations suivantes sont vraies ou fausses. Si une déclaration est fausse, rectifiez-la.

		V	F
1.	Mme Dupraz ne portait qu'un de ses bijoux.	❑	❑
2.	Mme Dupraz a découvert le vol de ses bijoux quand tout le monde était parti.	❑	❑
3.	Mme Dupraz avait invité cinq personnes.	❑	❑
4.	Les lumières se sont éteintes avant que Mlle Fayard ne monte à la salle de bains.	❑	❑
5.	Les lumières se sont éteintes un peu avant neuf heures.	❑	❑
6.	Les lumières se sont éteintes dans toute la maison pendant un quart d'heure environ.	❑	❑
7.	Quand la lumière est revenue, M. Dupuy revenait dans la salle à manger.	❑	❑
8.	M. Dupuy dit qu'il est parti chercher une lampe dans la voiture.	❑	❑
9.	Quand M. Dupuy est revenu, toute sa chemise était trempée.	❑	❑
10.	Mlle Fayard se trouvait dans la salle de bains quand la lumière s'est éteinte.	❑	❑
11.	A part Mlle Fayard, il n'y avait personne au premier étage.	❑	❑
12.	Mme Dupraz prétend (*claims*) qu'elle n'a pas de problèmes financiers.	❑	❑

Rectifiez les déclarations fausses ici.

H L'inspecteur Keriven reçoit l'évidence suivante d'une source anonyme. Modifie-t-elle vos hypothèses? Si oui, comment?

CREDIT DE
FRANCE

BPF 175.000

Payez contre ce chèque non endossable sauf au profit d'une banque ou d'un organisme visé par la loi *Cent soixante-quinze mille francs*

somme en toutes lettres

A *Anne-Marie Dupraz*

Payable

A *Paris* le *3 avril* 19*96*

55786608194
Mademoiselle Juliette Fayard
17 bis impasse des Combattants
78000 Versailles

Juliette Fayard

I Répondez oralement aux questions suivantes.

1. Quel est le montant de ce chèque?
2. Ce chèque est à l'ordre de qui?
3. Qui l'a signé? Où ce chèque a-t-il été fait?
4. A votre avis, pourquoi ce paiement a-t-il eu lieu?
5. L'existence de ce chèque modifie-t-elle vos hypothèses? Si oui, comment?

J Dans ce deuxième texte, l'inspecteur Keriven interroge Mlle Françoise Ramirez. Tout en écoutant, prenez des notes pour répondre aux questions suivantes.

1. Où se trouvait Françoise au moment où les lumières se sont éteintes?

   ____
   ____
   ____

2. Qu'est-ce qu'elle a fait ensuite? Pourquoi?

   ____
   ____
   ____

3. Qui d'autre était à l'étage à part Françoise?

   ____
   ____
   ____

4. Où se trouvait cette personne? Qu'est-ce qu'elle cherchait?

   ____
   ____
   ____

5. Qu'est-ce que Françoise a remarqué d'inhabituel?

____

____

6. Depuis combien de temps Françoise travaille-t-elle pour Madame Dupraz? Qu'est-ce que Françoise sait sur la situation financière de Madame Dupraz?

____

____

____

K A discuter: en quoi le témoignage de Françoise peut-il modifier vos idées sur le méfait (*crime*)?

Après avoir écouté

1. 2. 3.

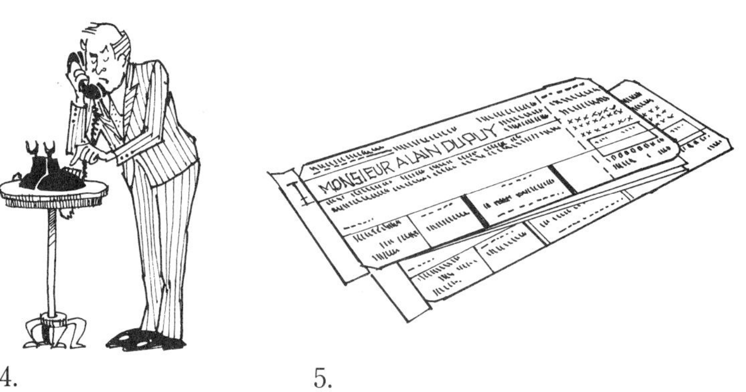

4. 5.

L Commentez ces dessins par rapport au (*in relation to*) vol des bijoux.

M A votre avis, qui a commis le vol? Dans quelles circonstances? Pourquoi? (N.B. Plus d'une personne peut être impliquée dans cette affaire.)

On sait se débrouiller

Jeux de rôles pour deux personnes:

1. Vous êtes l'inspecteur Keriven. Vous interrogez Mlle Fayard pour en savoir plus long sur 1° ce qu'elle a fait pendant la coupure d'électricité; 2° le chèque de 175 000 FF remis à Mme Dupraz.
2. Vous êtes toujours l'inspecteur Keriven. Vous interrogez M. Dupuy sur 1° ce qu'il faisait pendant la coupure d'électricité; 2° ses manches trempées; 3° ses relations avec Mlle Ramirez; 4° les billets d'avion.
3. Sous la forme d'un dialogue entre deux ou plusieurs personnages, donnez les détails d'un aspect de l'affaire dont nous n'avons pas parlé.

LEXIQUE

This vocabulary contains French words and expressions used in this text, with contextual meanings. Exact cognates, proper nouns, and other easily recognizable words are not included. An asterisk before certain words beginning with *h* indicates that the *h* is aspirate.

ABBREVIATIONS

adj.	adjective
adv.	adverb
Can.	Canadian
conj.	conjunction
f.	feminine
fam.	familiar usage
Gram.	grammatical term
inf.	infinitive
interj.	interjection
inv.	invariable
irreg.	irregular
m.	masculine
pl.	plural
p.p.	past participle
pr.p.	present participle
prep.	preposition
pron.	pronoun
sing.	singular
s.o.	someone
s.th.	something

A

à *prep.* to, for
abattre (*like* **battre**) *irreg.* to knock down
abord: d'abord (at) first; **tout d'abord** right at first
aborder to approach
abrégé(e): en abrégé in abbreviated form
absolument *adv.* absolutely
absorbant *pr. p.* engrossing
accéder (j'accède) to reach, get to
accélérer (j'accélère) to accelerate
accent *m.* accent; **accent aigu** acute accent **mettre l'accent sur** to place (put) the emphasis on
accompagner to accompany
accomplir to accomplish
accord *m.* agreement; **d'accord** *adv.* agreed, O.K.; **être d'accord** to agree; **se mettre d'accord** to come to an agreement
accroissement *m.* increase, growth
accueil: famille (*f.*) **d'accueil** host family
accueillir (*like* **cueillir**) *irreg.* to welcome
achat *m.* purchase
acheter (j'achète) to buy
acheteur/acheteuse *m., f.* buyer
s'achever par (il s'achève) to end with
acte *m.* act; deed (*legal*); **acte de propriété** property deed
actuel(le) *adj.* present, current
additionner to add up
adieu good-bye (forever), farewell
admis *p.p.* of **admettre** admitted
adverse *adj.* opposing
aérien(ne): compagnie (*f.*) **aérienne** airline company
aérobic *m. sing.* aerobics; **faire de l'aérobic** to do aerobics
affaiblir to weaken
affaire *f.* affair, business; *pl.* business; **déjeuner** (*m.*) **d'affaires** business lunch; **l'affaire est faite** it's a done deal; **rendez-vous** (*m.*) **d'affaires** business meeting
affectionner to be fond of
afficher to post
affirmer to assert, claim
s'affoler to panic
affreux/affreuse *adj.* hideous, horrible
s'affronter to confront each other
afin de *prep.* in order to
âge *m.* age; **moyen âge** Middle Ages; **personne** (*f.*) **de troisième âge** senior citizen
âgé(e) *adj.* aged, elderly; **âgé de... ans...** years old
agence *f.* agency; **agence de voyage** travel agency; **agence immobilière** real-estate agency
agglomération *f.* urban area
agir to act; **s'agir de** to be about
agité(e) *adj.* restless
agneau *m.* lamb
agréable *adj.* pleasant
agrégé(e) successful candidate in the **agrégation** (*highest competitive examination for teachers in France*)
aide *f.* help, aid; **à l'aide de** with the help (aid) of
aider to help
aigu(ë) *adj.* sharp, acute; **accent** (*m.*) **aigu** acute accent
ail *m.* garlic
ailleurs *adv.* elsewhere; **d'ailleurs** besides, moreover; **par ailleurs** otherwise; furthermore
aimer to like; to love; **aimer mieux** to prefer
aîné(e) *adj.* older
ainsi *adv.* in this way (manner); **ainsi que** *conj.* (just) as; as well as; **c'est ainsi que** that's the way, that's how; **et ainsi de suite** and so on
air *m.* tune; **avoir l'air** to look, seem; **en plein air** outdoors
aisé(e) *adj.* well-off
ajouter to add
aliment *m.* food
s'allonger (nous nous allongeons) to lie down, stretch out
allumer to turn on
alors *adv.* then, at that time; well (then); **alors que** *conj.* whereas
amaigrissant *pr. p.* slimming
amant(e) lover
âme *f.* soul; **état** (*m.*) **d'âme** state of mind; mood
améliorer to improve
amer/amère *adj.* bitter
amour *m.* love
amoureux/amoureuse *adj.* amorous, love; **tomber amoureux/amoureuse de quelqu'un** to fall in love with someone; **tomber en amour avec quelqu'un** (*Can.*) to fall in love with someone
ampoule *f.* light bulb; ampule (*medical term*)
amusant(e) *adj.* funny
s'amuser to have a good time
an *m.* year; **âgé de... ans...** years old; **au fil des ans** with the passing years; **avoir... ans** to be . . . years old; **par an** per year
analyse *f.* analysis
ancien(ne) *adj.* old, ancient; former
angoisser to anguish
animalerie *f.* pet store
animé(e) *adj.* animated, lively; **dessin** (*m.*) **animé** cartoon
animer to animate, enliven; to emcee
année *f.* year; **année bissextile** leap year; **d'une année à l'autre** from one year to the next
anniversaire *m.* anniversary; birthday
annonce *f.* advertisement; **petite annonce** personal (advertisement)
annoncer (nous annonçons) to announce
anormal(e) *adj.* unusual
antiquité *f.* the beginning of time
s'apercevoir (*p.p.* **aperçu**) *irreg.* to notice

aperçu *m.* general survey
s'appaiser to calm down
apparaître (*like* **connaître**) *irreg.* to appear
appareil *m.* appliance
apparemment *adv.* apparently
appartenir (*like* **tenir**) *irreg.* to belong
apparu *p.p.* of **apparaître** appeared
appeler (j'appelle) to call, name; **s'appeler** to be called, named
appendice *m.* appendix
s'appliquer to apply
apport *m.* contribution
apporter to bring
apprendre (*like* **prendre**) *irreg.* to learn
s'apprêter à + *inf.* to get ready to (*do s.th.*)
appris *p.p.* of **apprendre** learned
s'approcher de to approach
appuyer (j'appuie) to push; to support, back up
après *prep.* after; *adv.* afterwards; **d'après** according to; **peu de temps après** a short time later
après-midi *m.* afternoon
argent *m.* money
argot *m.* slang
arracher to tear out
arrêt *m.* stop
s'arrêter to stop
arriver to arrive; to happen; **arriver à** + *inf.* to manage to (*do s.th.*); **il est arrivé à (quelqu'un) d'être...** (s.o.) has sometimes been . . .
arroser to wash down (*with wine*)
artichaut *m.* artichoke
ascenseur *m.* elevator
asiatique *adj.* Asian
aspirer to suck (draw up) up; to vacuum
s'asseoir *irreg.* to sit down
assez (de) *adv.* enough; fairly; rather
assis *p.p.* of **asseoir** seated
associer to associate; **s'associer à** to form an alliance with
assourdissant(e) *adj.* deafening
assurance *f.* insurance
attachant(e) *adj.* likeable, engaging
attacher to attach; to stick
atteindre (*p.p.* **atteint**) *irreg.* to attain, reach
atteinte(e) *adj.*: **être atteinte(e) de** to be suffering from
attendre to wait (for)
attention *f.* attention; care; be careful, pay attention; **faire attention** to be careful, pay attention
attirer to attract
attribuer to attribute
aucun(e) *adj.* any; **ne... aucun(e)** not any, no
au-delà de *prep.* beyond
auditeur/auditrice *m., f.* listener
augmentation *f.* raise, increase
augmenter to grow, increase
aujourd'hui today
auparavant *adv.* before, previously
auprès de *prep.* with
aussi *adv.* also, too; **aussi bien que** as well as
aussitôt *adv.* immediately; **aussitôt que** *conj.* as soon as
autant *adv.* as much; **autant de** as many, much; so many, much; **autant de... que** as many . . . as
auteur *m.* author
auto-parc *m.* parking
autorité *f.* authority; **faire autorité** to be accepted as an authority
autoroute *f.* highway
auto-stop *m.* hitchhike; **faire de l'autostop** to hitchhike
autour de *prep.* around
autre *adj.* other, different; *pron.* another (one); **autre chose** anything else; **d'autres** other; **d'une année à l'autre** from one year to the next
autrefois *adv.* in the past
autrement dit in other words
Autriche *f.* Austria
avaler to swallow
avant *adv.* before, beforehand; **avant (de)** *prep.* before; **avant que** *conj.* before
avenir *m.* future
avignonnais(e) *adj.* from Avignon
avion *m.* airplane
avis *m.* (piece of) advice; **à mon avis** in my opinion
avoir (*p.p.* **eu**) *irreg.* to have; **avoir... ans** to be . . . years old; **avoir besoin de** to need; **avoir conscience de** to be aware of; **avoir des nausées** to feel nauseous; **avoir du mal à** + *inf.* to be difficult for someone to (*do s.th.*); **avoir envie de** + *inf.* to feel like (*doing s.th.*); **avoir faim** to be hungry; **avoir honte** to be ashamed; **avoir horreur de** to loathe, detest; **avoir l'air** to look, seem; **avoir le cafard** to have the blues; **avoir lieu** to take place; **avoir mal à** to ache, have a pain in; **avoir mal à la gorge** to have a sore throat; **avoir mal à la tête** to have a headache; **avoir mal au ventre** to have a stomachache; **avoir mal aux dents** to have a toothache; **avoir peur** to be afraid; **il y a** there is, there are; **j'ai la tête lourde** my head feels heavy; **je n'ai pas à me plaindre** I can't complain
Azur: Côte (*f.*) **d'Azur** Riviera

B

baignoire *f.* bathtub
bail *m.* lease
bain *m.* bath; **salle** (*f.*) **de bains** room containing a bathtub, bidet, and sink
baisse: être en baisse to be declining
baisser to lower, go down
bal *m.* ball, dance
baladeur *m.* Walkman
balcon *m.* balcony
ballon *m.* ball; **ballon de football** football
banal(e) *adj.* commonplace, everyday
bancaire *adj.* bank; **carte bancaire** bank card
bande *f.* strip; band
bande-annonce film clip, preview; **bande** (*f.*) **sonore** sound track
banlieue *f.* suburb
banque *f.* bank
bas(se) *adj.* low; **de plus en plus bas** lower and lower; **en bas** downstairs, down below
bateau *m.* boat
batteur *m.* beater; batter (*baseball*)
battre (*p.p.* **battu**) *irreg.* to beat
bavard(e) *adj.* talkative
baveux/baveuse *adj.* runny (*eggs*)
B.C.B.G. (= **bon chic bon genre**) *adj. inv.* preppy
beau (bel, belle [beaux, belles]) *adj.* beautiful; **il fait beau (temps)** it's nice weather
beaucoup *adv.* a lot, very much
beignet *m.* doughnut (*Can.*)
beignet *m.* fritter
belge *adj.* Belgian
ben (= **bien**) *adv. fam.* very, really
Bénin *m.* Guinea
berger/bergère *m., f.* shepherd
besoin *m.* need; **avoir besoin de** to need
bêtement *adv.* stupidly
beurre *m.* butter; **beurre de cacahuètes** peanut butter
bibliothèque *f.* library
bien *adv.* well, fine; very, really; **aussi bien que** as well as; **bien de** a lot of; **bien que** *conj.* although; **bien sûr** of course; **eh bien** well . . . ; **et bien** well . . .
bien-aimé(e) *adj.* beloved
bientôt *adv.* soon
bienvenu(e) *adj.* welcome
bifteck *m.* steak
bijoux *m.* jewels; jewelry; **coffret** (*m.*) **à bijoux** jewelry box
bilan: faire le bilan de to assess
billet *m.* bill (bank note); ticket
bis *adv.* repeat
bissextile: année (*f.*) **bissextile** leap year
blanc(he) *adj.* white; *m.* blank; **blanc d'œuf** egg white
blesser to wound
bleu *m.* blue; **bleu de travail** dungarees, overalls; **bleu foncé** dark blue; **bleu marine** navy blue
bleu(e) *adj.* blue; rare (*steak*)
bleuir to turn blue
bœuf *m.* beef
boire (*p.p.* **bu**) *irreg.* to drink
bois *m.* wood; *pl.* woodwinds (*instruments*)
boisson *f.* drink
boîte (*f.*) **(de nuit)** nightclub
bol *m.* bowl
bon(ne) *adj.* good; correct; **bon marché** cheap, inexpensive; **de bonne humeur** in a good mood; **un bon moment** quite a while
bonbon *m.* (piece of) candy
bonheur *m.* happiness; **par bonheur** perchance
bonjour *m.* hello; good morning
bonne *n.f.* maid
bord *m.*: **au bord de** on the side of
boucle (*f.*) **d'oreille** earring
boudin *m.* blood sausage
bougie *f.* candle
bouillir *irreg.* to boil; **faire bouillir** to boil
boule *f.* ball
boulot *m.* job

bourreau (*m.*) **de travail** workaholic
bout *m.* end; bit; piece, scrap; **au bout de** at the end of; after (*with time*); **bout de corde** length of rope; **un bout de temps** for a while
bouteille *f.* bottle
bras *m.* arm
bref/brève *adj.* brief
bricoleur *m.* handyman, do-it-yourselfer
broyer (**je broie**) to crush, grind
bruit *m.* noise
brûler to burn
brun(e) *adj.* brunette
bruyant(e) *adj.* noisy
bûcher *m.* woodshed; stake
bureau *m.* office
but *m.* goal, objective

C

ça *pron.* that; **ça fait longtemps que je vis...** I've been living . . . for a long time; **c'est ça** that's it; **c'est pour ça que** that's why
cabine (*f.*) **téléphonique** phone booth
cabinet (*m.*) **conseil** doctor's office
cabosse *f.* cacao pod, chocolate nut
cacahuète *f.* peanut; **beurre** (*m.*) **de cacahuètes** peanut butter
cacaoyer *m.* cacao tree
cacher to hide
cadeau *m.* gift
cadre *m.* setting; executive
cafard: **avoir le cafard** to have the blues
café *m.* coffee; café
cahier *m.* notebook
caillou *m.* stone
calcul *m.* calculation
calculer to calculate
camarade *m., f.* companion, friend; **camarade de chambre** roommate; **camarade de classe** classmate
caméra *f.* video camera
caméscope *m.* camcorder
campagne *f.* country, countryside
canapé *m.* sofa
caoutchouc *m.* rubber
car *conj.* for, because
caractère *m.* character, personality
carré(e) *adj.* square, squared; **racine** (*f.*) **carrée** square root
carrière *f.* career
carte *f.* map
cas *m.* case; **en tout cas** in any event
casanier/casanière *adj.* stay-at-home, homebody
cascadeur *m.* stuntman
casser to break
cauchemar *m.* nightmare; **faire un cauchemar** to have a nightmare
cause *f.* cause; **à cause de** because of
ce, cette *adj.* this; that; **ce à quoi** that which
CEE (**Communauté Economique Européenne**) *f.* Common Market
cela *pron.* that; **cela dit** having said that; **c'est pour cela que** that's why
célèbre *adj.* famous
célibataire *adj.* single (unmarried)
celui, celle (*pl.* **ceux, celles**) *pron.* this (one); that (one); *pl.* these (ones); those (ones)
censé(e) *adj.* supposed
cent *adj.* hundred; **pour cent** percent
centaine *f.* hundred (*approximately*)
centime *m.* cent
centre-ville *m.* downtown
cependant *conj.* however, nevertheless
cerisier *m.* cherry tree
certitude *f.* certainty
cesser de to cease, stop
chacun(e) *pron.* each one, every one
chaîne (*f.*) **de télévision** television network
chambre *f.* bedroom; **camarade** (*m., f.*) **de chambre** roommate
champ *m.* field
champignon *m.* mushroom
chance *f.* luck
change *m.* exchange **taux** (*m.*) **de change** exchange rate
changement *m.* change
chanson *f.* song
chanter to sing
chanteur/chanteuse *m., f.* singer
char *m.* cart; tank; car (*Can.*)
chargé(e): **être chargé**(e) **de** + *inf.* to be in charge of (*doing s.th.*)
charte *f.* charter
chat(te) *m., f.* cat
châtain(e) *adj.* brown (*hair*)
château *m.* castle
chaud(e) *adj.* warm
chauffer to warm
chaussette *f.* sock
chauve *adj.* bald
chef *m.* chief, head
chef-d'œuvre *m.* masterpiece
chemin *m.* path; **chemin de fer** railroad; **en chemin** on the way
cheminée *f.* chimney
chemise *f.* shirt
cher/chère *adj.* expensive
chercher to look (for)
chéri(e) *m., f., adj.* dear, sweetheart
cheval *m.* horse
cheveux *m. pl.* hair
chez *prep.* at the home (place) of; among
chic: bon chic bon genre (**B.C.B.G.**) *adj. inv.* preppy
chien(ne) *m., f.* dog
chiffre *m.* figure, sum
chinois(e) *adj.* Chinese
chocolat (*m.*) chocolate; **chocolat noir** dark chocolate
choisir to choose
choix *m.* choice; **au choix** choice of; **embarras** (*m.*) **du choix** too much of a choice
chômage *m.* unemployment; **au chômage** out of work
chose *f.* thing; **autre chose** anything else; **quelque chose** something
chrétien(ne) *m., f., adj.* Christian
chum *m.* boyfriend (*Can.*)
ciblé(e) *adj.* targeted
ci-dessous *adv.* below
ci-dessus *adv.* above
ciel *m.* sky; heaven; **le ciel se couvre** the sky is overcast
cinéaste *m., f.* filmmaker
ciné-club *m.* cinema club
cinéma *m.* cinema, movies; movie theater; **salle** (*f.*) **de cinéma** movie theater
circulation *f.* traffic
circuler to circulate
citadain(e) *adj.* city
cité *f.* town; **cité-dortoire** *m.* bedroom community
citer to quote
citoyen(ne) *m., f.* citizen
citron *m.* lemon
citronnier *m.* lemon tree
citrouille *f.* pumpkin, gourd
clair(e) *adj.* clear; light (*in hue*)
classe *f.* class; **camarade** (*m., f.*) **de classe** classmate; **salle** (*f.*) **de classe** classroom
classement *m.* classification
clé *f.* key
clôture: cérémonie (*f.*) **de clôture** closing ceremony
cocher to check off
cochon *m.* pig
cœur *m.* heart
coffret *m.* small box; **coffret à bijoux** jewelry box
coin *m.* corner; **coins et recoins** nooks and crannies
colère *f.* anger
colisée *m.* coliseum
collaborer to collaborate
collectivité *f.* community
Colombie (*f.*) **Britannique** British Columbia
colonisateur/colonisatrice *m., f.* colonizer
colonne *f.* column
combattant(e) *m., f.* fighter
combien (**de**) *adv.* how much
commander to order (*in a restaurant*)
comme *conj.* like, as; since, seeing that
commencement *m.* beginning
commencer (**à**) to begin (to)
comment *adv.* how; *interj.* what
commercial(e) *adj.* commercial, business
commettre (*like* **mettre**) *irreg.* to commit
commissariat (*m.*) **de police** police station
commun(e) *adj.* common, joint
communauté *f.* community; **Communauté Economique Européenne** (**la CEE**) Common Market
communiquer to communicate
compagnie *f.* company; **compagnie aérienne** airline company
compagnon/compagne *m., f.* companion
comparaison *f.* comparison
complainte *f.* ballad, lament
compliquer to complicate
comportement *m.* behavior
comporter to be composed of
compositeur/compositrice *m., f.* composer
comprendre (*like* **prendre**) *irreg.* to understand; to include
compris(e) *adj.* included; **y compris** including

comptabilité *f.* accounting
compte *m.* account; **en fin de compte** all told; **se rendre compte de** to realize; **tenir compte de** to bear in mind
compter to count; to plan
concentrer to concentrate
conclu(e): marché (*m.*) **conclu** it's a deal
concours *m.* competition, competitive exam
conçu *p.p.* of **concevoir** conceived
conducteur/conductrice *m., f.* driver
conduire (*p.p.* **conduit**) *irreg.* to drive
confectionner to prepare, make
se confier à to trust in
confiserie *f.* candy
confiture *f.* jam; **à la confiture** with jam
congé *m.* vacation, leave (*from job*); **en congé** on vacation
congélateur *m.* freezer
conjoint(e) *m., f.* spouse
conjointement *adv.* jointly
conjugaison *f. Gram.* conjugation
connaissance *f.* knowledge; **faire connaissance** to meet
connaître *irreg.* to know, be acquainted with
connu *p.p.* of **connaître** known
consacrer to consecrate
conscience *f.* conscience; consciousness; **avoir conscience de** to be aware (conscious) of; **prendre conscience de** to become aware of
conseil *m.* (piece of) advice; **cabinet** (*m.*) **conseil** doctor's office
conseiller/conseillère *m., f.* counselor
conséquence: en conséquence consequently
conséquent: par conséquent consequently
conserver to keep
consœur *f.* female colleague
consommation *f.* consumption
consommer to consume
constamment *adv.* constantly
constituer to constitute
construire (*like* **conduire**) *irreg.* to build
contemporain(e) *adj.* contemporary
contenir (*like* **tenir**) *irreg.* to contain
se contenter de to be happy with
contenu *m.* content
contraint(e) *adj.* constrained, forced
contrairement à d'autres... unlike others . . .
contrat *m.* contract
contre *prep.* against; (in exchange) for; **par contre** on the other hand
contrebasse *f.* double bass
contribuer to contribute
convaincant *pr. p.* of **convaincre** convincing
convaincre (*p.p.* **convaincu**) *irreg.* to convince
convenable *adj.* appropriate
convenir (*like* **venir**) *irreg.* to be appropriate
convive *m., f.* guest (*at a meal*)
copain/copine *m., f., fam.* friend
coq *m.* rooster
coquille *f.* shell
corde *f.* rope; *pl.* strings (*instruments*); **bout** (*m.*) **de corde** length of rope; **instrument** (*m.*) **à cordes** stringed instrument
corps *m.* body
corriger to correct
côte *f.* coast
côté *m.* side; **à côté** *adv.* next door; **à côté de** *prep.* next to
cotiser to contribute money; to pay dues
se côtoyer (je me cotoie) to mix, rub shoulders; to exist side-by-side
cou *m.* neck
coucher to put to bed; **chambre** (*f.*) **à coucher** bedroom
coude *f.* elbow
couffin *m.* crib, cradle
couloir *m.* hallway
coup *m.* blow; **à coup de théâtre** with a dramatic turn of events; **coup de fil** telephone call; **coup de téléphone** telephone call; **du coup** suddenly; **d'un coup** suddenly; **jeter un coup d'œil** to glance; **tout à coup** suddenly; **tout d'un coup** all of a sudden
coupe *f.* cup; haircut
couper to cut; **à vous couper le souffle** that takes your breath away
coupure *f.* cut; **coupure d'électricité** power outage; **coupure de courant** power outage
cour *f.* courtyard; court
courant *m.* power, current; **coupure** (*f.*) **de courant** power outage; **panne** (*f.*) **de courant** power outage
courant(e) *adj.* everyday
courir (*p.p.* **couru**) *irreg.* to run
cours *m.* course; **au cours de** in the course of, during
course *f.* running; **course à pied** running; hiking; **faire les courses** to go shopping
couteau *m.* knife
coûter to cost
coutume *f.* custom
couvert *m.* place setting
couverture *f.* blanket
couvrir (*p.p.* **couvert**) to cover; **le ciel se couvre** the sky is overcast
créer to create
crème *f.* cream; **crème glacée** ice cream
crever (je crève) *fam.* to die
cri *m.* cry, shout; **pousser un cri** to shout, scream
crise (*f.*) **de foie** indigestion
critique *adj.* critical
croire (à) *irreg.* to believe (in)
croix *f.* cross; *X*
cru *p.p.* of **croire** believed
crû *p.p.* of **croître** grown
cueillette *f.* picking, harvesting
cuire *irreg.* to cook; **faire cuire** to cook
cuisine *f.* cuisine; kitchen
cuisinière *f.* stove
cuisson *f.* cooking
cuit *p.p.* of **cuire** cooked
cuivre *m.* brass (*instrument*)
cultivé(e) *adj.* cultured

D

dans *prep.* in, into; **dans l'ensemble** overall
davantage *adj.* more
de *prep.* of; from
se débarrasser de to get rid of
débattre (*like* **battre**) *irreg.* to debate
se débrouiller to get along
début *m.* beginning; **au début** in the beginning; **au début de** at the beginning of
décapsuleur *m.* bottle opener
déceler (je décèle) to detect
décennie *f.* decade
déchirant(e) *adj.* heartbreaking
décision *f.* decision; **prendre une décision** to make a decision
déclaration *f.* statement
déclencher to trigger
décoller to unstick; to take off (plane)
découvert *p.p.* of **découvrir** discovered
découvrir (*like* **ouvrir**) *irreg.* to discover
décrire (*like* **écrire**) *irreg.* to describe
décrit *p.p.* of **décrire** described
déçu(e) *adj.* disappointed
défaut *m.* defect, fault
défavorable *adj.* unfavorable
défenseur *m.* defender
défi *m.* challenge; **relever le défi** to take up the challenge
dégâts *m. pl.* damage
déguster to taste
dehors *adv.* outdoors; outside; **en dehors de** outside (of)
déjà *adv.* already
déjeuner *m.* lunch; **déjeuner d'affaires** business lunch; **petit déjeuner** breakfast
délibérément *adv.* deliberately
demain *adv.* tomorrow; **à demain** see you tomorrow
demande *f.* request
demander to ask
démarrer to start, get moving; **pour démarrer** to get started
déménager (nous déménageons) to move (change residence)
demi(e) *adj.* half; **et demi(e)** half past (*with time*)
dénoncer (nous dénonçons) to denounce
dent *f.* tooth; **avoir mal aux dents** to have a toothache
dentelle *f.* lace
départ *m.* departure; beginning
dépasser to surpass
dépenser to spend (*money*)
dépensier/dépensière *adj.* extravagant
dépit: en dépit de in spite of
déplu *p.p.* of **déplaire** displeased
depuis *prep.* since, for
dernier/dernière *adj.* last
dérobé(e) *adj.* stolen
se dérouler to take place
dérouter to divert; to confuse
derrière *prep.* behind

désaccord *m.* disagreement
désagréable *adj.* unpleasant
désastre *m.* disaster
descendre to descend, go down; to get off
désigné(e) *adj.* designated
désolé(e) *adj.* sorry
desservir (*like* **servir**) *irreg.* to clear (*the table*)
dessin *m.* drawing; **dessin animé** cartoon
dessiner to draw
dessous: en dessous de *prep.* beneath
dessus: au-dessus de *prep.* above; **par-dessus** *prep., adv.* over
destin *m.* destiny
se détendre to relax
dette *f.* debt
deuil *m.* mourning
deux *adj., m.* two; **tous deux** both
devant *prep.* before, in front of
développement *m.* development; **en voie de développement** developing
devenir (*like* **venir**) *irreg.* to become
devenu *p.p.* of **devenir** became
devise *f.* motto
devoir (*p.p.* **dû**) *irreg.* should, ought to, must
d'habitude *adv.* usually
diapo *f.* (*fam.*) slide
dictée *f.* dictation
dicter *to* dictate
difficile *adj.* difficult
diffuser to broadcast
digestif *m.* liqueur
digital(e): empreinte (*f.*) **digitale** fingerprint
dimanche Sunday
diminuer to diminish
dîner to dine; *m.* dinner
dire *irreg.* to say; to tell; **c'est-à-dire** that is to say; **vouloir dire** to mean
direct: en direct live
dirigeant(e) *m., f.* leader, ruler
discothèque *f.* record collection; discotheque
discours *m.* speech
discuter (de) to discuss
disparaître (*like* **connaître**) *irreg.* to disappear
disparition *f.* disappearance
disparu *p.p.* of **disparaître** disappeared
disponible *adj.* available
disposer to arrange; **disposer de** to have (at one's disposal)
disposition *f.* arrangement
disque *m.* record
distinguer to distinguish
se distraire (*p.p.* **distrait**) *irreg.* to amuse oneself
distribuer to distribute
dit *p.p.* of **dire** said; **autrement dit** in other words; **cela dit** having said that
divertir to amuse
diviser to divide; to share
dizaine *f.* about ten
domicile *m.* home
dominer to dominate
dommageable *adj.* harmful
donc *conj.* therefore; so, then
données *f.* data
donner to give
dont *pron.* whose, of which; about which; including
dormir *irreg.* to sleep
doucement *adv.* gently, softly
douleur *f.* ache, pain
doute *f.* doubt; **sans doute** probably
doux/douce *adj.* sweet
douzaine *f.* dozen
drapeau *m.* flag
dresser to draw up, make out
droit *m.* right (*legal*)
droit(e) *adj.* straight, right
droite *n. f.* right (*direction*)
dur(e) *adj.* hard
durcir to harden
durée *f.* duration; **durée moyenne de vie** average life span

E

eau *f.* water; **roman** (*m.*) **à l'eau de rose** sentimental romance novel
éblouir to dazzle
écart: se tenir à l'écart to steer clear, stay away
écarter to spread apart
échafaud *m.* scaffold
échange *m.* exchange
s'échapper to escape
s'échelonner to be spread out
éclair *m.* lightning
éclat *m.* flash, sparkle; **eclat de rire** burst of laughter
éclater to break, break out
école *f.* school
économe *adj.* thrifty
écorce *f.* peel, skin
écouter to listen (to)
écoute *n. f.* listening
écrire *irreg.* to write
écrit *p.p.* of **écrire** written; **par écrit** in writing
écrivain *m.* writer
éducatif/educative *adj.* educational
effet *m.* effect; **en effet** indeed, in fact
efficace *adj.* effective
également *adv.* likewise
égaler to equal
égalité *f.* equality
égide: sous l'égide de under the aegis of
eh bien *interj.* well . . .
électricité *f.* electricity; **coupure** (*f.*) **d'électricité** power outage
élève *m., f.* student
élevé(e) *adj.* high, elevated
élever (j'élève) to raise; **s'élever** to rise, go up
éliminer to eliminate
élu *p.p.* of **élire** elected
embarquer to take on board
embarras *m.* **du choix** too much of a choice
embouteillage *m.* traffic jam
embrasser to embrace
émettre (*like* **mettre**) *irreg.* to voice, put forward
émission *f.* broadcast
emmener (j'emmène) to bring
émouvant(e) *adj.* moving
empêcher to prevent, stop
emploi *m.* use
employer (j'emploie) to use
empreinte (*f.*) **digitale** fingerprint
emprunt *m.* loan
emprunter (à) to borrow (from)
en *pron.* of it (them); from it (them); about it (them)
enceinte *adj.* pregnant
encens *m.* incense
enchaîner to link
enchanté(e) *adj.* pleased to meet you
encore *adv.* still, yet; **encore une fois** one more time; **pas encore** not yet
endommager (nous endommageons) to damage
s'endormir (*like* **dormir**) *irreg.* to fall asleep
endossable: non endossable *adj.* not endorsable
endroit *m.* place
s'énerver to get excited, get worked up
enfance *f.* childhood
enfant *m., f.* child
enfin *adv.* finally
s'enfuir (*like* **fuir**) *irreg.* to flee
engager (nous engageons) to hire
engloutir to engulf, swallow up
enlèvement *m.* abduction
enlever (j'enlève) to take off (clothing); to remove; to kidnap; **enlever à quelqu'un** to rob s.o. of
s'ennuyer (je m'ennuie) to get bored; **s'ennuyer à mourir** to die of boredom
énorme *adj.* enormous
enquête *f.* survey
enregistrement *m.* recording
enregistrer to record
enseignant(e) *m., f.* instructor
ensemble *m.* ensemble, group; *adv.* together; **dans l'ensemble** overall
ensoleillé(e) *adj.* sunny
ensuite *adv.* then, next
entendre to hear; to understand; **s'entendre** to get along
entendu *p.p.* of **entendre** heard; understood
entier/entière *adj.* whole, entire
entourer to surround
entraide *f.* mutual aid
s'entraider to help one another
s'entraîner to train, work out
entre *prep.* between, among
entrée *f.* entrance; entryway
entremêler to intermix
entreprendre (*like* **prendre**) *irreg.* to undertake
entrer to enter
énumérer (j'énumère) to enumerate, list
envers *prep.* towards
envie *f.* desire; **avoir envie de** + *inf.* to feel like (*doing s.th.*)
environ *adv.* about, approximately; *m. pl.* surroundings
envisager (nous envisageons) to envision
épais(se) adj. thick

épaule *f.* shoulder
épeler (j'épelle) to spell
époque *f.* age, epoch; time
épouser to marry; to fit
épouvante *f.* terror; **film** (*m.*) **d'épouvante** horror film
époux/épouse *m., f.* spouse
équipe *f.* team
érable *m.* maple
escaliers *m. pl.* stairs
escrime *f.* fencing (*sport*)
espagnol *m.* Spanish (*language*)
espèce *f.* kind, type
espérance *f.* hope; expectancy; **espérance moyenne de vie** average life expectancy
espérer (j'espère) to hope; to expect
esprit *m.* mind
esquisser to sketch out, outline
essayer (de + *inf.*) **(j'essaie)** to try (*to do s.th.*)
essence *f.* gasoline
estimer to estimate
et *conj.* and; **et... et** both . . . and; **et ainsi de suite** and so on; **et bien** well . . .
établir to establish
étage *m.* floor, story
étagère *f.* bookshelf
étape *f.* stage, step
état *m.* state; **état d'âme** state of mind
été *n. m.* summer
été *p.p.* of **être** been
s'éteindre *irreg.* to turn off
éteint *p.p.* of **éteindre** turned off
étendue *f.* area, expanse
étoile *f.* star
s'étonner to be surprised
étranger: à l'étranger abroad
étranger/étrangère *m., f.* stranger; foreigner; *adj.* strange; foreign
être *irreg.* to be; *m.* (human) being; **être atteint(e) de** to be suffering from; **être d'accord** to agree; **soit... soit** either . . . or
étroit(e) *adj.* narrow
études *f.* studies
étudiant(e) *m., f.* student
étudier to study
eu *p.p.* of **avoir** had
eux, elles *pron.* them
évaluer to evaluate
événement *m.* event
évidemment *adv.* obviously, of course
éviter to avoid
évocation *f.* calling up, conjuring up
évoluer to evolve
exactitude *f.* accuracy
exagérer (j'exagère) to exaggerate
exemple *m.* example; **à titre d'exemple** by way of example
exiger (nous exigeons) to demand
explication *f.* explanation
expliquer to explain
exploser to explode
exposé *m.* report
exprimer to express
extrait *m.* extract
extraverti(e) *adj.* extroverted
extrémité *f.* end

F

fabrication *f.* manufacture, making
face *f.* face; **face à** *prep.* toward; **faire face à** to face
se fâcher to get angry
facile *adj.* easy
faciliter to facilitate
façon *f.* way, manner
facultatif/facultative *adj.* optional
faible *adj.* weak
faim *f.* hunger; **avoir faim** to be hungry
faire *irreg.* to do; to make; **l'affaire** (*f.*) **est faite** it's a done deal; **ça fait longtemps que je vis...** I've been living . . . for a long time; **faire** + *inf.* to have, make (*s.th. done*); **faire attention** to be careful, pay attention; **faire autorité** to be accepted as an authority; **faire bouillir** to boil; **faire connaissance** to meet; **faire cuire** to cook; **faire de l'aérobic** to do aerobics; **faire de la gym** to exercise; **faire de la musculation** to do bodybuilding; **faire de la natation** to go swimming; **faire de l'auto-stop** to hitchhike; **faire de même** to do the same; **faire des heures supplémentaires** to work overtime; **faire des poids et haltères** to do weightlifting; **faire du magasinage** to go shopping (*Can.*); **faire du pouce** (*Can.*) to thumb a ride; **faire du shopping** to go shopping; **faire du sport** to practice, do sports; **faire face à** to face; **faire la vaisselle** to do the dishes; **faire le bilan de** to assess; **faire le marché** to go to market; **faire le ménage** to do the housework; **faire le tour** to explore, go around; **faire les courses** to go shopping; **faire part de quelque chose à quelqu'un** to tell s.o. about s.th.; **faire partie de** to belong to; **faire peur à quelqu'un** to scare s.o.; **faire preuve de** to prove; **faire tourner** to mix; **faire un cauchemar** to have a nightmare; **faire une pause** to take a break; **il fait beau (temps)** it's nice weather; **ne t'en fais pas** don't worry (about it)
fait *n. m.* fact; **en fait** in fact, actually; **tout à fait** quite
fait *p.p.* of **faire** done; made; **l'affaire** (*f.*) **est faite** it's a done deal; **tout(e) fait(e)** ready-made
falloir (*p.p.* **fallu**) *irreg.* to be necessary; **il faut** it is necessary, one must
familial(e) *adj.* family
familier/familière *adj.* familiar
famille *f.* family; **famille d'accueil** host family; **nom** (*m.*) **de famille** last name
faux/fausse *adj.* false
fauteuil *m.* armchair
femelle *f., adj.* female
femme *f.* woman; wife; **femme de ménage** housekeeper
fenêtre *f.* window
fer *m.* iron; **chemin** (*m.*) **de fer** railroad
fermer to close
fermier/fermière *m., f.* farmer
fête *f.* holiday; festival
fêter to celebrate
feu *m.* fire; traffic light
feuille *f.* leaf; sheet (*of paper*); **feuille de papier libre** separate sheet of paper
feuilleter (je feuillette) to page through, flip through
feutre *m.* felt-tip pen
fier/fière *adj.* proud
fièvre *f.* fever
figuier *m.* fig tree
fil *m.* string; **au fil des ans** with the passing years; **coup de fil** ring (*of a telephone*); **fil éléctrique** electric cord
fille *f.* girl
film *m.* film; **film d'épouvante** horror film; **film policier** detective film
fils *m.* son
fin *f.* end; **en fin de** at the end of; **en fin de compte** all told; **fin de semaine** (*Can.*) weekend
fin(e) *adj.* fine; sharp; top-quality **fines herbes** mixed herbs
financier/financière *adj.* financial
finir to finish; **finir par** + *inf.* to end up (*doing s.th.*)
fixe *adj.* fixed; **idée** (*f.*) **fixe** obsession
flamant *m.* flamingo
flanc *m.* side, flank
fleur *f.* flower
fleuriste *m., f.* florist
fleuve *m.* river
flic *m. fam.* cop
flottant(e) *adj.* floating
foie *m.* liver; **crise** (*f.*) **de foie** indigestion
fois *m.* time; **à la fois** at the same time; **deux fois** twice; **encore une fois** one more time; **une fois** once; **une fois par jour** once a day
foncé(e) *adj.* dark
fond *m.* background; **à fond** in depth; **au fond de** at the bottom of; **ski** (*m.*) **de fond** cross-country skiing
fonder to found
fondre to melt
football *m.* soccer; **football américain** football
force *f.* strength
forcément *adv.* inevitably; **pas forcément** not necessarily
forme *f.* form, shape; **être en pleine forme** to be in good physical condition; to be feeling well
formidable *adj.* fantastic, great
formule *f.* formula
formuler to formulate
fort *adv.* strongly; very
fort(e) *adj.* strong
fortifier to fortify
fou, folle *adj.* crazy
fouet *m.* whisk; whip
foulard *m.* scarf
foule *f.* crowd
fourchette *f.* fork
fournir to furnish
fourré(e) *adj.* filled
fracas *m.* crash; roar
frais *m. pl.* expenses

français(e) *adj.* French
francisant(e) *m., f.* student of (specialist in) French
francophone *adj.* French-speaking
francophonie *f.* French-speaking communities
frangin(e) *m., f.* (*fam.*) brother, sister
frapper to beat, strike
frère *m.* brother
frigo *m.* refrigerator
froid *m.* cold; **les grands froids** the cold of winter
froid(e) *adj.* cold
fromage *m.* cheese
front *m.* forehead
frontière *f.* border
fruitier/fruitière *adj.* fruit; **fruitier** fruit tree
fuite: en fuite on the run
fur: au fur et à mesure as one goes along; gradually

G

gagnant(e) *m., f.* winner
gagner to earn; **gagner (à)** to win
garçon *m.* boy
garder to keep
gare *f.* train station
gâteau *m.* cake
gauche *f.* left
géant(e) *adj. fam.* great, wonderful
génial(e) *adj. fam.* fantastic
génie *m.* genius
genre *m.* genre; type, kind
gens *m. pl.* people
gentil(le) *adj.* kind
gérer (je gère) to manage, administer
geste *m.* gesture
gigue *f.* jig
glace *f.* ice; ice cream; **crème** (*f.*) **glacée** ice cream; **patin** (*m.*) **à glace** ice skating
glacière *f.* icebox
glisser to slip, slide
gorge *f.* throat; **avoir mal à la gorge** to have a sore throat; **mal** (*m.*) **de gorge** sore throat
gourmand(e) *adj.* greedy
goût *m.* taste
goûter to taste, try
goutte *f.* drop
grâce à *prep.* thanks to
graine *f.* seed
grand(e) *adj.* great; big
grand-mère *f.* grandmother
gras(se) *adj.* fat, oily; **matière** (*f.*) **grasse** fat
gratin (*m.*) **de pommes de terre** potatoes au gratin
gratter to scratch
grave *adj.* grave, serious
grec *m.* Greek (language)
grignoter to snack
grille *f.* grid
griot(te) *m., f.* witch doctor
gronder to scold; to rumble (*thunder*)
gros(se) *adj.* big; fat
grosseur *f.* size
grossier/grossière *adj.* rude, crude
guère: ne... guère *adv.* scarcely, barely
guerre *f.* war
gym: faire de la gym to do gymnastics; to exercise

H

s'habiller to get dressed
habitable *adj.* habitable
habitant(e) *m., f.* inhabitant
habiter to live, inhabit
s'habituer à to get used to
***haché(e)** *adj.* minced; ground
***haine** *f.* hatred
***haïr** to hate
haltère *m.* dumbbell; **faire des poids et haltères** to do weightlifting
***hasard** *m.* chance, luck **au hasard** at random; **par hasard** by chance
***haut(e)** *adj.* high; **à haute voix** out loud; **de haut niveau** high level; **d'en haut** from above; **en haut de** at the top of
***hauteur: saut** (*m.*) **en hauteur** high jump
hebdo (= hebdomadaire) *adj.* weekly
hélas *interj.* alas
herbe *f.* grass, herb; **fines herbes** mixed herbs
hériter to inherit
***héros, l'héroïne** *m., f.* hero, heroine
hétérogène adj. heterogeneous
hétérogénéité *f.* heterogeneousness
***heu** uh
heure *f.* hour;**... heure(s)...** o'clock; **à tout à l'heure** in a little while; **faire des heures supplémentaires** to work overtime
***heurter** to collide with; **se heurter à** to come up against
hier soir last night
histoire *f.* history; story
hiver *m.* winter
homme *m.* man
homogène *adj.* homogeneous
honoraires *m.* fees
***honte** *f.* shame; **avoir honte** to be ashamed
horaire *m.* schedule
horreur *f.* horror; **avoir horreur de** to loathe, detest
***hors de** *prep.* out of, away from
hôte, hôtesse *m., f.* host, hostess; airline stewardess
huile *f.* oil
huître *f.* oyster
humeur *f.* mood, humor; **de bonne humeur** in a good mood

I

ici *adv.* here; **jusqu'ici** up to now
idée *f.* idea; **idée fixe** obsession
ignorer not to know
immeuble *m.* apartment building
immigré(e) *m., f.* immigrant
immobilier/immobilière: agence (*f.*) **immobilière** real estate agency
imparfait *m. Gram.* imperfect (*tense*)
imperméable *m.* raincoat
impitoyable *adj.* merciless
impliquer to imply
importe: n'importe où no matter where; **n'importe quel(le)** no matter which; **n'importe quoi** anything at all
s'imposer to be essential
imprégner de (j'imprègne) to soak with
incendie *m.* fire
inclure (*p. p.* **inclus**) to include
inconnu(e) *adj.* unknown
inconvénient *m.* disadvantage
incroyable *adj.* unbelievable
indéfini(e) *adj.* indefinite
indicateur/indicatrice *adj.* indicative
indice *m.* indication; clue
indiquer to indicate
indispensable *adj.* essential
individu *m.* individual
inefficace *adj.* inefficient
inexplicable *adj.* unexplainable
inférieur(e) *adj.* lower
infirmier/infirmière *m., f.* nurse
informatique *f.* computer science
inhabituel(le) *adj.* unusual
innover to innovate
inoubliable *adj.* unforgettable
inox (= inoxidable) *m.* stainless steel
inquiet/inquiète *adj.* worried
inscription *f.* registration
inscrire (*like* **écrire**) *irreg.* to write down
insérer (j'insère) to insert
s'installer to settle, set up house
instrument *m.* instruments; **instrument à cordes** stringed instrument; **instrument à vent** wind instrument
interdit(e) *adj.* forbidden
s'intéresser à to be interested in
intérêt *m.* interest
intérieur *m.* inside, interior; **à l'intérieur de** inside, within; **homme** *m.* **d'intérieur** house husband
interlocuteur/interlocutrice *m., f.* speaker
interroger (nous interrogeons) to interrogate
interrompre (*like* **rompre**) *irreg.* to interrupt
intervenir (*like* **venir**) to intervene
intime *adj.* intimate
s'intituler to be titled
intrépide *adj.* bold
intrigue *f.* plot (*of story*)
intrus(e) *m., f.* intruder
inverse: à l'inverse conversely
inversement *adv.* conversely
investir to surround with military forces, besiege
irriter to irritate
itinéraire *m.* itinerary

J

jalousie *f.* jealousy
jamais *adv.* ever; **ne... jamais** never, not ever
jambe *f.* leg
jambon *m.* ham
jardin *m.* garden

jaunâtre *adj.* yellowish
jaune *n. m., adj.* yellow; **jaune d'œuf** egg yolk
jaunir to yellow
jeter (je jette) to throw away; **jeter un coup d'œil** to glance
jeu *m.* game; acting; **jeu de rôles** acting part
jeudi *m.* Thursday
jeune *m., f.* young person; *adj.* young
jeûner to fast
joie *f.* joy
se joindre (*p.p.* **joint**) *irreg.* to get together
joli(e) *adj.* pretty
jouer to play
joueur/joueuse *m., f.* player
jour *m.* day; **de nos jours** nowadays; **tous les jours** every day; **une fois par jour** once a day; **vivre au jour le jour** to live from day to day
journée *f.* day; **toute la journée** all day long
juillet *m.* July
jumelage *m.* pairing up
jus *m.* juice
jusque: jusqu'à *prep.* as far as, up to; until; **jusqu'à ce que** *conj.* until; **jusqu'ici** up to now
juste *adv.* just, exactly; accurately

L

là-bas *adv.* over there
lac *m.* lake
laisser to leave
lait *m.* milk
lame (*f.*) **de rasoir** razor blade
lampadaire *m.* standard lamp
lampe *f.* lamp; **lampe de poche** flashlight
lancement *m.* launching
lancer (nous lançons) to launch
langage *m.* language
langue *f.* language; tongue; **de langue française** French-speaking
lapin *m.* rabbit
large de... . . . wide
se lasser to get tired of
lecteur/lectrice *m., f.* reader
léger /légère *adj.* light
légitime *adj.* legitimate
légume *m.* vegetable
lendemain *m.* next day
lentement *adj.* slowly
lequel/laquelle *pron.* which (one)
lessive *f.* washing; **faire la lessive** to do the laundry
leur *adj.* their
se lever (je me lève) to get up
lèvre *f.* lip
libanais(e) *n., adj.* Lebanese: **Libanais(e)** *m., f.* Lebanese (*person*)
libérer (je libère) to liberate
librairie *f.* bookstore
libre *adj.* free; **feuille** (*f.*) **de papier libre** separate sheet of paper
lié(e) *adj.* linked
lien *m.* link
lieu *m.* place; **au lieu de** instead of; **avoir lieu** to take place; **lieu de travail** workplace
lifting *m.* face lift
ligne *f.* line
liquéfié(e) *adj.* liquefied
lire (*p. p.* **lu**) *irreg.* to read
lit *m.* bed
living *m.* living room
livre *m.* book
locataire *m., f.* tenant
location *f.* rental
locuteur/locutrice *m., f.* speaker; **locuteur natif** native speaker
logement *m.* lodging, housing
loi *f.* law
loin *adv.* far; **au loin** in the distance
loisirs *m.* leisure activities
long(ue) *adj.* long; **à la longue** in the long run; **en savoir plus long** to know more about; **long de...** in length; **long métrage** feature length film; **tout au long de** all throughout
longtemps *adv.* (for) a long time
longueur *f.* length
lors de at the time of
lorsque *conj.* when
louer to rent
lourd(e) *adj.* heavy; **j'ai la tête lourde** my head feels heavy
loyer *m.* rent
lu *p.p.* of **lire** read
lumière *f.* light
lutte *f.* struggle, fight
lycée *m.* high school

M

madame (Mme) *f. Mrs.*; ma'am
mademoiselle (Mlle) *f.* Miss; ma'am
magasin *m.* store
magasinage: faire du magasinage to go shopping (*Can.*)
magasiner to go shopping (*Can.*)
maghrébin(e) *adj.* of (from) NW Africa
magie *f.* magic
magnétoscope *m.* VCR
magnifique *adj.* fantastic, great
maigrir to lose weight
main *f.* hand; **à portée de la main** within reach; **se serrer la main** to shake hands
maintenant *adv.* now
maintenir (*like* **tenir**) to maintain, keep
mais *conj.* but
maison *f.* house
maître/maîtresse *m., f.* master, mistress; grade school teacher
maîtrise *f.* mastery
mal *m.* pain, trouble; *adv.* badly; **avoir du mal à** + *inf.* to be difficult for s.o. to (*do s.th.*); **avoir mal à la gorge** to have a sore throat; **avoir mal à la tête** to have a headache; **avoir mal au ventre** to have a stomachache; **avoir mal aux dents** to have a toothache; **mal de gorge** sore throat; **pas mal** quite well
maladie *f.* illness
malaise *m.* feeling of sickness, faintness
mâle *m., adj.* male
malgré *prep.* in spite of, despite
malouf *m.* type of North African music
manche *f.* sleeve
manger (nous mangeons) to eat; **salle** (*f.*) **à manger** dining room; **se manger** to be eaten
manière *f.* manner, way; **de la même manière** in the same way
se manifester to emerge, appear
mannequin *m.* model
manque *m.* lack
manquer to miss; to be lacking; **tu me manques** I miss you
marchand(e) *m., f.* merchant, shopkeeper
marchandises *f. pl.* goods, merchandise
marche *f.* march; **marche à pied** hike
marché *m.* market, marketplace; transaction, deal; **bon marché** cheap, inexpensive; **faire le marché** to go to market; **marché conclu** it's a deal
marcher to walk; to work, go well
mari *m.* husband
se marier to get married
marine: bleu (*m.*) **marine** navy blue
marocain(e) *adj.* Moroccan
marque *f.* brand name
marquer to mark, indicate; to score
marron *adj. inv.* brown
match *m.* game; **remporter un match** to win a game (match)
matière *f.* material; subject (school); **matière grasse** fat
matin *m.* morning
matrimonial(e) *adj.* marriage
maudit(e) *adj.* damned
mauvais(e) *adj.* bad
mec *m. fam.* guy
mécanique *adj.* mechanical
méchant(e) *adj.* mean; naughty
médicament *m.* medication
méfait *m.* misdeed; crime
meilleur(e) *adj.* better; best
mélange *m.* mixture
mélanger (nous mélangeons) to mix, mix together
mêler to mix up; **se mêler à** to mingle with
même *adj.* same; *adv.* even; **en même temps** at the same time; **faire de même** to do the same; **-même** -self; **quand même** even so, all the same
mémoire *f.* memory
menace *f.* threat
menacer (nons menaçons) to threaten
ménage *m.* household; couple; **faire le ménage** to do the housework; **femme** (*f.*) **de ménage** housekeeper
ménagère *f.* housewife
mensonge *m.* lie
mensuel(le) *adj.* monthly
mentir (*like* **dormir**) *irreg.* to lie
mer *f.* sea
merci thank you

mercredi *m.* Thursday
mère *f.* mother
merveilleusement *adv.* marvelously
messe *f.* Mass (*Catholic*)
mesure: au fur et à mesure as one goes along; gradually **être en mesure de** + *inf.* to be in a position to (*do s.th.*)
métrage *m.*: **long métrage** feature length film
mettre (*p.p.* **mis**) *irreg.* to put, place; to wear; **mettre au point** to focus; **mettre en pratique** to put into practice; **mettre en valeur** to exploit; **mettre la table** to set the table; **mettre l'accent sur** to place or put the emphasis on; **se mettre à** + *inf.* to begin to (*do s.th.*); **se mettre d'accord** to come to an agreement
meubler to furnish
meubles *m. pl.* furniture
micro *m.* (= **microphone**) microphone
midi *m.* noon
miette *f.* crumb
mieux *adv.* better; best; **aimer mieux** to prefer; **il vaut mieux** it is better
milieu: au milieu de in the middle of
mince *adj.* thin
miroir *m.* mirror
mis *p.p.* of **mettre** put, placed
mobilier *m. sing.* furniture
mode *f.* style; *m.* form, method; **à la mode** in style; **mode d'emploi** instructions for use
mœurs *f.* mores
moins *adv.* less; least; minus; **au moins** at least; **aux moins de... ans** for those under... years of age; **de moins en moins** less and less; **moins de** less than, fewer than; **plus ou moins** more or less
mois *m.* month
moitié *f.* half
moment *m.* moment; **au moment où** (at the time) when; **un bon moment** quite a while; **en ce moment** at present; **en ce moment-là** at that time; **sur le moment** at the time
mon /ma *adj.* my
monde *m.* world; **pays** (*m.*) **du tiers monde** third-world country; **tout le monde** everyone
mondial(e) *adj.* world
monnaie *f.* currency; coin; change
monsieur (**M.**) *m.* Mr.; sir
mont *m.* mount
montagne *f.* mountain
montant *m.* amount
monter to go up, rise; to get on
montrer to show; **se montrer** to appear, show oneself to be
morceau *m.* piece, bit
mort *f.* death
mort(e) *m., f.* dead person
mortel(le) *adj.* mortal, fatal
mot *m.* word; **mot à mot** word for word
mou /molle *adj.* soft
mouchoir (*m.*) handkerchief; **mouchoir de tête** bandanna
mourir (**p.p. mort**) *irreg.* to die; **s'ennuyer à mourir** to be bored stiff
moutarde *f.* mustard
moyen *m.* means, way; **au moyen de** by means of
moyen(ne) *adj.* average; **de moyenne** average; **durée** (*f.*) **moyenne de vie** average life span; **en moyenne** on average; **espérance** (*f.*) **moyenne de vie** average life expectancy; **moyen âge** *m.* Middle Ages
multiplier to multiply
se munir de to arm oneself with
mur *m.* wall
mûr(e) *adj.* ripe
mûrir to ripen
musculation: faire de la musculation to do bodybuilding
musée *m.* museum
musulman(e) *m. f. adj.* Moslem

N

nageur/nageuse *m. f.* swimmer
naître *irreg.* to be born
natation *f.* swimming; **faire de la natation** to go swimming
nausée *f.* nausea; **avoir des nausées** to feel nauseous
nautique: ski (*m.*) **nautique** waterskiing
navré(e) *adj.* upset, very sorry
ne *adv.* **ne... jamais** never, not ever; **ne... pas** not; **ne... plus** no longer; **ne... point** not, not at all; **ne... que** only; **ne... rien** nothing, not anything
né *p.p.* of **naître** born
nécessaire *adj.* necessary
nécessiter to necessitate
négocier to negotiate
nerf *m.* nerve; **ça me tape sur les nerfs** that gets on my nerves
net(te) *adj.* clear, distinct; clean (*Can.*)
nettoyer (**je nettoie**) to clean
neurone *m.* neuron
nez *m.* nose; **raccrocher au nez** to hang up on s.o.
ni... ni *conj.* neither . . . nor
niveau *m.* level; **de haut niveau** high level; **niveau de vie** standard of living
noir *m.* darkness
noir(e) *adj.* black; **chocolat** (*m.*) **noir** dark chocolate; **roman** (*m.*) **noir** thriller (*novel*)
noircir to blacken
noisette *f.* hazelnut
nom *m.* name; **au nom de** in the name of; **nom de famille** last name
nombre *m.* number
nombreux/nombreuse *adj.* numerous
nommer to name
nord *m.* north
notaire *m.* notary public
notamment *adv.* notably
note *f.* note; grade
nourrir to feed
nourriture *f.* food
nouveau (**nouvel, nouvelles, [nouveaux, nouvelles]**) *adj.* new; **à nouveau** again; **de nouveau** again
nouvelle *f.* (piece) of news
Nouvelle Ecosse *f.* Nova Scotia
nuancer (**nous nuançons**) to shade
nuit *f.* night; **boîte** (*f.*) **de nuit** nightclub; **tombée** (*f.*) **de la nuit** nightfall
numéro *m.* number; issue
numérotation *f.* numbering

O

objet-fétiche *m.* favorite object
obtenir (*like* **tenir**) *irreg.* to obtain
obtention *f.* obtaining
occasion: *f.* opportunity, occasion, **à l'occasion de** on the occasion of
occident *m.* west
occidental(e) (*pl.* **occidentaux**) *adj.* western
occupé(e) *adj.* busy
occuper to occupy; **s'occuper de** to take care of
oculiste *m., f.* eye specialist
œil *m.* (*pl.* **yeux**) eye; **jeter un coup d'œil** to glance
œuf *m.* egg; **blanc** (*m.*) **d'œuf** egg white; **jaune** (*m.*) **d'œuf** egg yolk
œuvre *f.* work (*of literature, music, etc.*)
offert *p.p.* of **offrir** offered
ombre *f.* shade
omettre (*like* **mettre**) *irreg.* to omit
omis *p.p.* of **omettre** omitted
onctueux/onctueuse *adj.* smooth, creamy
opposant(e) *m., f.* opponent
orage *m.* storm
oranger *m.* orange tree
ordinateur *m.* computer
ordonné(e) *adj.* orderly
oreille *f.* ear; **boucle** (*f.*) **d'oreille** earring
oriental(e) (*pl.* **orientaux**) *adj.* eastern; Middle Eastern
orteil *m.* toe
orthographe *f.* spelling
os *m.* bone
ou *conj.* or
où *pron.* where; when
ouais *interj. fam.* yeah
oublier to forget
ours *m.* bear; **ours en peluche** teddy bear
outre: en outre *adv.* moreover, besides
ouvert *p.p.* of **ouvrir** open; opened
ouverture *f.* opening
ouvrage *m.* work (*literary*)
ouvreuse *f.* usherette
ouvrir (*p.p.* **ouvert**) *irreg.* to open

P

pagailleur/pagailleuse *adj.* messy
pagne *m.* loincloth
paiement *m.* payment
pain *m.* bread
palpitant(e) *adj.* exciting
panne *f.* (mechanical) breakdown; **panne de courant** power outage

pantalon *m.* (pair of) pants
pantin *m.* puppet
papier *m.* paper; **feuille** (*f.*) **de papier libre** separate sheet of paper
par *prep.* by; per; **finir par** + *inf.* to end up (*doing s.th.*); **par ailleurs** otherwise; furthermore; **par an** per year; **par bonheur** perchance; **par conséquent** consequently; **par écrit** in writing; **par exemple** for example; **par hasard** by chance; **par rapport à** with respect to; **par terre** on the ground
parce que *conj.* because
par-dessus *prep.* over
paraître (*like* **connaître**) *irreg.* to appear, seem
parcourir (*like* **courir**) to travel, go all over
parcours *m.* journey; route
pareil(le) *adj.* similar
paresseux/paresseuse *adj.* lazy
parfait(e) *adj.* perfect
parfois *adv.* sometimes
parler to speak, talk
parmi *prep.* among
parole *f.* word; lyric
part *f.* part; **à part** except for; **faire part de quelque chose à quelqu'un** to tell s.o. about s.th.; **quelque part** somewhere
partager (**nous partageons**) to share
participer to participate
particularisme *m.* specific characteristic
partie *f.* part; **faire partie de** to belong to
partiel(le) *adj.* partial; **à temps partiel** part-time
partir (*like* **dormir**) *irreg.* to leave, depart; **à partir de** starting from; **en partant de** starting with
partout *adv.* everywhere
parvenir à + *inf.* to manage to, succeed in (*doing s.th.*)
pas: ne... pas not; **pas du tout** (not) at all; **pas encore** not yet; **pas mal** quite well
passé *m.* past
passager/passagère *m., f.* passenger
passer to pass; to spend (*time*); **se passer** to happen
passe-temps *m.* pastime
pastille *f.* lozenge
patate *f.* sweet potato
pâté *m.* pâté (food)
pâteux/pâteuse *adj.* woolly (*tongue*)
patin *m.* skate, skating; **patin à glace** ice skating; **patin à roulettes** roller skating
patinage *m.* skating
pâtisserie *f.* pastry shop
patron(ne) *m., f.* boss
paume *f.* palm
pause *f.* pause, break; **faire une pause** to take a break
pauvre *adj.* poor
pays *m.* country; **manquer à son pays** to miss, long for one's country; **pays du tiers monde** third-world country
paysan(ne) *m., f.* peasant
peau *f.* skin
pêcher to fish
peine *f.* sorrow, effort, difficulty; **à peine** barely; **ce n'est pas la peine** it's not worth it; **valoir la peine** to be worthwhile, be worth the trouble
peinture *f.* painting
peluche: ours (*m.*) **en peluche** teddy bear
pendant *prep.* during; **pendant que** *conj.* while
pénétrer (**je pénètre**) to penetrate
pénible *adj.* painful
pensée *f.* thought
penser to think, believe
perdre to lose
perdu *p.p.* of **perdre** lost
père *m.* father
perfectionner to perfect
perle *f.* pearl
permettre (*like* **mettre**) *irreg.* to permit, allow
persane(e) *adj.* Persian
personnage *m.* character (*in a production or piece of writing*)
personne *f.* person; **ne... personne** no one; **personne de troisième âge** senior citizen
peser (**je pèse**) to weigh
peste *f.* plague
petit(e) *adj.* little, small; **petit à petit** little by little; **petit déjeuner** *m.* breakfast; **un petit peu** a little bit
peu *adv.* little, not much; not very; *m.* little; **à peu près** nearly; **en très peu de temps** in a very short time; **peu de** little, few; **peu de temps après** a short time later; **un petit peu** a little bit; **un peu (de)** a little bit (of)
peuple *m. sing.* people
peupler to populate
peur *f.* fear; **avoir peur (de)** to be afraid (of); **faire peur à quelqu'un** to scare s.o.
peut-être *adv.* maybe
photographe *m., f.* photographer
photo(graphie) *f.* photo(graph)
phrase *f.* sentence; **phrase-clé** *f.* key sentence; **toute la phrase** the whole sentence
piastre *f.* "buck" (dollar) (*Can.*)
pièce *f.* room; coin
pied *m.* foot; **course** (*f.*) **à pied** running; hiking; **marche** (*f.*) **à pied** walking
piège *m.* trap
pipeau *m.* (reed)pipe
pire *adj.* worse; worst
piscine *f.* swimming pool
pitié *f.* pity; **avoir pitié de** to pity
placard *m.* cupboard; closet
place *f.* place, spot; (*Can.*) place; **à la place (de)** instead (of); **à ta place** if I were you
placer (**nous plaçons**) to place, put; to seat
plaindre (like **craindre**) *irreg.* to pity, feel sorry for; **je n'ai pas à me plaindre** I can't complain; **se plaindre (de)** to complain (about)
plaine *f.* plain
plaire (*p.p.* **plu**) *irreg.* to please; **s'il vous plaît** please
plaisanter to joke
plaisir *m.* pleasure
plan *m.* plan, blueprint; city map; **sur le plan technique** on a technical level
planche (*f.*) **à voile** windsurfing
plat *m.* plate, dish, course (*of a meal*)
plateau *m.* tray
plâtre *m.* plaster
plein(e) *adj.* full; **à plein temps** full time; **en plein air** outdoors; **être en pleine forme** to be in good shape; **plein de** plenty of
pleuvoir *irreg.* to rain
plonger (**nous plongeons**) to plunge
plu(e) *p.p.* of **plaire** pleased; *p.p.* **pleuvoir** rained
pluie *f.* rain
plupart: la plupart de the majority of
plus *adv.* more; most; plus; **de plus** moreover; **de plus en plus bas** lower and lower; **de plus en plus de** more and more; **en plus** moreover; **en plus de** in addition to; **en savoir plus long** to know more about; **ne... plus** no longer; **ne plus pouvoir** not to be able to take anymore; **plus de** more; **plus ou moins** more or less; **plus... plus** the more . . . the more; **plus tard** later; **rien de plus** nothing more
plusieurs *adj.* several
plutôt *adv.* rather; instead
poche *f.* pocket; **lampe** (*f.*) **de poche** flashlight
pochette *f.* packet; envelope
poêle *f.* frying pan
poésie *f.* poetry
poids *m.* weight; **faire des poids et haltères** to do weightlifting
point *m.* point; **à point** medium rare; **mettre au point** to focus; to perfect; **ne... point** not, not at all; **point de vue** point of view; **sur le point de** on the verge of, about to
pointe (*f.*) **de** touch of, hint of
poirier *m.* pear tree
poitrine *f.* chest
poivre *m.* pepper
poli(e) *adj.* polite
policier/policière *adj.* **roman policier** detective novel
politesse *f.* politeness
politique *f. sing.* politics
polyphonie *f.* polyphony
pomme *f.* apple; **pomme de terre** potato; **gratin** (*m.*) **de pommes de terre** potatoes *au gratin*
pommier *m.* apple tree
porte *f.* door
portée: à portée de la main within reach
porte-monnaie *m.* wallet
porter to carry; to wear
portrait-robot *m.* composite sketch
poser to ask (*a question*); to lay (down), install
posséder (**je possède**) to possess
poste *m.* job
pouce *m.* thumb; inch; **faire du pouce** to thumb a ride (*Can.*)

poudre *f.* powder
poulet *m.* chicken
pour *prep.* for; in order to; as a; **c'est pour ça que** that's why; **pour ce qui touche à** as regards, concerning; **pour cent** percent; **pour que** *conj.* so that
pourboire *m.* tip (*for service rendered*)
pourcentage *m.* percentage
pourpre *adj.* purple
pourquoi *conj., prep.* why
pourrir to rot
pourtant *adv.* yet, nevertheless
pousser to push; to grow; **pousser un cri** to shout, scream
poutine *f.* French fries topped with curd cheese (*Can.*)
pouvoir *irreg.* to be able, can; *m.* power; **ne plus pouvoir** not to be able to take anymore
poutre *f.* beam, girder
pratique *adj.* practical; *f.* practice; **mettre en pratique** to put into practice
pratiquer to practice
préavis *m.* (advance) notice
se précipiter vers to rush towards
précis(e) *adj.* precise
préciser to specify
préféré(e) *adj.* favorite
premier/première *adj.* first
prendre *irreg.* to take; to drink; to gain; **prendre au sérieux** to take seriously; **prendre conscience de** to become aware of; **prendre le relais** to take over; **prendre soin de** to take care of; **prendre une décision** to make a decision; **s'y prendre** to set about (*doing*) it
prénommé(e) *adj.* named, with a first name of
préoccupé(e) *adj.* preoccupied, worried
préparatoire *adj.* preliminary
près *adv.* nearby; **à peu près** nearly
près de close to, near
présenter to present; to introduce
presque *adv.* almost
presse (*f.*) **à sensation** yellow journalism
prêt(e) *adj.* ready; *m.* loan
prétendre to claim, maintain
preuve *f.* proof; **faire preuve de** to show
prévenir (*like* **venir**) *irreg.* to prevent
prévoir (*like* **voir**) *irreg.* to anticipate
prévu *p.p.* of **prévoir** anticipated, foreseen; provided
principal(e) *adj.* principal, main
principe *m.* principle; **en principe** theoretically
pris *p.p.* of **prendre** took; taken
privé(e) *adj.* private
prix *m.* price; **prix de vente** sale price
procédé *m.* process
prochain(e) *adj.* next
prochainement *adv.* soon
proche *adj.* close
producteur/productrice *m., f.* producer
produire (*like* **conduire**) *irreg.* to produce
produit *m.* product
profond(e) *adj.* profound
profondément *adv.* deeply
projet *m.* project; *pl.* plans
projeter (**je projette**) to project, show
promener (**je promène**) to walk; **se promener** to go for a walk
promouvoir (*p.p.* **promu**) *irreg.* to promote
pronom *m.* pronoun
prononcer (**nous prononçons**) to pronounce
propager (**nous propageons**) to propagate, disseminate
proportionnel(le) *adj.* proportionate
propos: à propos by the way; **à propos de** about, on the subject of
proposition *f.* suggestion; clause
propre *adj.* own; clean; proper; **propre à** peculiar to; characteristic of
propriétaire *m., f.* owner
propriété: acte (*m.*) **de propriété** property deed
protéger (**je protège**) to protect
provenir de (*like* **venir**) *irreg.* to come from, be from
provisions *f.* groceries
psychose *f.* psychosis
pu *p.p.* of **pouvoir** could, was able
publicitaire *adj.* advertising
publier to publish
puis *adv.* then, next
puisque *conj.* since
puissance *f.* power

Q

quai *m.* platform
qualifier to describe, label
quand *conj., adv.* when; **quand même** even so, all the same
quant à *prep.* as for
quart *m.* quarter
quartier *m.* district, area; neighborhood
quatuor *m.* quartet
que *conj.* that; than; **aussi bien que** as well as
ne... que only
québécois(e) *adj.* of (pertaining to) Quebec
quel(le) *adj.* what, which
quelconque *adj.* some (or other), any
quelque (s) *adj.* some; a few; **quelque chose** something; **quelque part** *adv.* somewhere
quelquefois *adv.* sometimes
quelqu'un *pron.* someone; **quelques-un(e)s** *pron.* some, a few
qui *pron.* who, whom; which, that
quitter to leave
quoi *pron.* what; **ce à quoi** that which; **n'importe quoi** anything at all
quoique *conj.* although

R

raccrocher au nez to hang up on someone
racine (*f.*) **carrée** square root
raconter to tell (*a story*), relate
radiophonique *adj.* radio
rafraîchir to refresh
raidir to stiffen, tense
raison *f.* reason; **avoir raison** to be right; **en raison de** because of
rajouter to put in, add (some more)
ralentir to slow down
rallumer to relight, turn on again
ramasser to pick up
ramener (**je ramène**) to bring back
rang *m.* row
ranger (**nous rangeons**) to straighten up, clean
râpé(e) *adj.* grated
rappel *m.* reminder
rappeler (**je rappelle**) to remember
rapport *m.* connection, relationship; report; **par rapport à** with respect to
rapporter to bring back; to yield (a return of); **se rapporter à** to relate to
rasoir *m.* razor; **lame** (*f.*) **de rasoir** razor blade
rassembler to gather together
rassis(e) *adj.* stale
ravissant(e) *adj.* ravishing, beautiful
réagir to react
réalisateur/réalisatrice *m., f.* (*film*) director, filmmaker
réaliser to produce (*a film*); to make
récemment *adv.* recently
recensement *m.* census
recenser to take a census of
recette *f.* recipe
recevoir (*p.p.* **reçu**) *irreg.* to receive
réchaud *m.* stove; plate warmer
recherche *f.* research, investigation; **à la recherche de** in search of
récipient *m.* container
récit *m.* account, story
réclamer to demand, call for
recoin *m.*: **coins et recoins** nooks and crannies
récolter to harvest
recommencer (**nous recommençons**) to begin again
reconnaître (*like* **connaître**) *irreg.* to recognize
reconstituer to reconstitute
recouvrir (*like* **ouvrir**) *irreg.* to cover again
recracher to spit out (again)
récrire (*like* **écrire**) *irreg.* to rewrite
rectification *f.* correction
rectifier to rectify, correct
rectiligne *adj.* straight
recueil *m.* collection
récupérer (**je récupère**) to get back
rédaction *f.* essay
redescendre to come back down
rédiger (**nous rédigeons**) to write, compose
réduit(e) *adj.* reduced; **à tarif réduit** at a reduced rate
réécouter to listen to again
réel(le) *adj.* real, true
refaire (*like* **faire**) *irreg.* to do again
refait(e) à neuf refinished; remodeled
réfléchir (à) to think (about), reflect (upon)
reflet *m.* reflection

refléter (je reflète) to reflect
refroidir to cool down
refroidissement *m.* cooling
regagner to regain
se régaler to enjoy (*a meal*)
regarder to look at, watch
régime *m.* diet; **suivre un régime** to be on a diet
règle *f.* rule
relâché(e) *adj.* loose, lax
relais: prendre le relais to take over
relation *f.* relation(ship); **relations publiques** public relations
relevé *m.* finding, discovery
relever (je relève) to pickup, right; to raise; **relever de** to come under, fall within; **relever le défi** to take up the challenge
relier to link
relire (*like* **lire**) *irreg.* to reread
remarquer to notice
rembobiner to rewind
remède *m.* remedy
remercier to thank
remettre (*like* **mettre**) *irreg.* to put back; **se remettre** *à + inf.* to begin to (*do s.th.*) again; **se remettre de** to get over, recover from
remeubler to refurnish
remise *p.p.* of **remettre** handed over, delivered
remonter to go back up; **remonter à** to go back to, date back to
remplacer (nous remplaçons) to replace
remplir to fill in
remporter un match to win a game, match
remuer to move
renchérir to go further, add (*words*)
rencontrer to find, meet
rendez-vous (*m.*) **d'affaires** business meeting
rendre to render, make; to give back; **se rendre à** to go to; **se rendre compte de** to realize
renoncer (nous renonçons) to renounce
rénover to renovate
renseignement *m.* information
rentrer to come home; **rentrer d'urgence** to make an emergency trip home
réparation *f.* repair
se répartir (*like* **finir**) to be distributed
répartition *f.* division, distribution
repas *m.* meal
repêcher to fish out; to recover
répliquer to reply, retort
répondre to answer
réponse *f.* answer
réprendre (*like* **prendre**) *irreg.* to resume; to have some more; **se reprendre** to take back something already said
représentant(e) *m. f.* representative; leader
reprise *f.*: **à plusieurs reprises** several times
reprocher to reproach
réseau *m.* network
résilier to terminate
résolu(e) *adj.* solved
résoudre (*p.p.* **résolu**) *irreg.* to solve
respirer to breathe
ressentir (*like* **sentir**) *irreg.* to feel
rester to remain, stay
résultat *m.* result
résumer to summarize
rétablissement *m.* reestablishment; recovery (*medical*)
retard *m.* lateness; **en retard** late
retenir (*like* **tenir**) *irreg.* to retain, keep; to remember
retirer to remove
retour *m.* return; **être de retour** to be back
rétrécir to shrink
retrouver to find again
réunion *f.* meeting
réunir to gather, unite; **se réunir** to meet, get together
réussir (à) to succeed (in)
réussite *f.* success
rêve *m.* dream
réveil *m.* alarm clock
(se) réveiller to wake up
révéler (je révèle)to reveal
revenir (*like* **venir**) *irreg.* to come back, return
revenu *m.* revenue
revenu *p.p.* of **revenir** came back, returned
rêver to dream
révision *f.* review
revoir (*like* **voir**) *irreg.* to see again
revue *f.* magazine, journal
richesse *f.* wealth
rien: de rien you're welcome; **ne... rien** nothing, not anything; **rien de plus** nothing more
rire (*p.p.* **ri**) *irreg*; *m.* laughter; to laugh; **éclat** (*m.*) **de rire** burst of laughter
rôle *m.* role, part; **à tour de rôle** taking turns; **jeu** (*m.*) **de rôles** role play; **jouer un rôle** to play a role
roman *m.* novel; **roman à l'eau de rose** sentimental romance novel; **roman policier** detective novel; **roman noir** thriller
romanche *m.* Romansh language
romancier/romancière *m., f.* novelist
romantisme *m.* romanticism
rompre (*p.p.* **rompu**) *irreg.* **avec** to break up with
rond(e) *adj.* round
rose *f.* rose; **roman** (*m.*) **à l'eau de rose** sentimental romance novel
rougeâtre *adj.* reddish
rougir to redden
roulement (*m.*) **de timbale** timpani roll
rouler to roll; to go, run (*vehicle*)
roulette: patin (*m.*) **à roulettes** roller skating
route *f.* roads; **sur route** on the highway
roux/rousse *adj.* redhaired
rugosité *f.* coarseness
russe *adj.* Russian

S

sabat *m.* Sabbath
sable *m.* sand
saccadé(e) *adj.* halting, jerky
sacre *m.* coronation
se sacrifier to sacrifice oneself
sage *m.* wiseman, elder
sagesse *f.* wisdom
saignant(e) *adj.* rare (*steak*); bloody
saisir to seize; to fry quickly
salaire *m.* salary
sale *adj.* dirty
salé(e) *adj.* salted
salle *f.* room; **salle à manger** dining room; **salle de bains** bathroom; **salle de cinéma** movie theater; **salle de classe** classroom; **salle de séjour** living room
se saluer to greet one another
salut *interj.* hi
samedi *m.* Saturday
sangloter to sob
sans *prep.* without; **sans doute** probably
sans-abri *m., f. inv.* homeless person
santé *f.* health
satisfaire (*like* **faire**) *irreg.* to satisfy
sauf *prep.* except
saumon *m.* salmon
saut (*m.*) **en hauteur** high jump
sauté (*m.*) **de veau** sauté of veal
sauté(e) *adj.* sauteed, shallow-fried
savant *m.* scientist; scholar
savoir (*p.p.* **su**) *irreg.* to know; **en savoir plus long** to know more about **savoir** + *inf.* to know how (*to do s.th.*)
scénario *m.* scenario; screenplay
schéma *m.* diagram, sketch
scientifique *m., f.* scientist; *adj.* scientific
scolaire *adj.* school
séance *f.* showing (*of a film*)
sec/sèche *adj.* dry
séchage *m.* drying
sécher (je sèche) to dry
secousse *f.* jolt, shake
séduit(e) *adj.* seduced
séjour *m.* stay; living room; **salle** (*f.*) **de séjour** living room
sel *m.* salt
selon *prep.* according to
semaine *f.* week; **fin** (*f.*) **de semaine** (*Can.*) weekend
semblable *adj.* similar
sembler to seem
sens *m.* meaning; **au sens de** with the meaning of, in the sense of
sensation: presse (*f.*) **à sensation** yellow journalism
sensible *adj.* sensitive
sentir (*like* **dormir**) *irreg.* to sense; **se sentir** to feel
séparer to separate
série *f.* series
sérieux/sérieuse *adj.* serious; **prendre au sérieux** to take seriously
serrer to squeeze; to be tight-fitting; **se serrer la main** to shake hands
serviette *f.* napkin

servir (*like* **dormir**) *irreg.* to serve; **servir à** to be used for; **se servir de** to use
seul(e) *adj.* alone; single, sole; only
si *conj.* if; yes (*in answer to a negative question*)
Sida *m.* AIDS
siècle *m.* century
siège *m.* seat
signaler to signal, indicate
signification *f.* meaning
signifier to mean, signify
sinon *conj.* otherwise
sirop *m.* syrup
sismologue *m., f.* seismologist
situé(e) *adj.* situated
ski *m.* skiing; ski; **ski de fond** cross-country skiing; **ski nautique** waterskiing; **faire du ski** to go skiing
société *f.* society; company, firm
sociologue *m., f.* sociologist
sœur *f.* sister
soigner to treat; **se soigner** to take care of oneself
soin *m.*: **prendre soin de** to take care of
soir *m.* evening, night; **hier soir** last night
soirée *f.* evening
sol *m.* ground
soleil *m.* sun
se solidifier to solidify
somme *f.* sum
sommet *m.* summit
son *m.* sound
songe *m.* dream
sonner to ring (*phone*)
sonore: bande (*f.*) **sonore** sound track
sonorité *f.* tone
sorcier/sorcière *m., f.* warlock, witch
sort: **tirage** (*m.*) **au sort** drawing lots
sorte *f.* sort, kind
sortir (*like* **dormir**) *irreg.* to leave, go out; to get out; **sortir de** to go beyond
souci *m.* care, concern
se soucier de to show concern for
soudain *adv.* suddenly
souffle: à vous couper le souffle that takes your breath away
souffler to blow
souk *m.* market
souligner to underline
souper *m.* supper; dinner (*Can.*)
souris *f.* mouse
sous *prep.* under; **sous l'égide de** under the aegis of
sous-sol *m.* basement
soustraction *f.* subtraction
soustraire (*p.p.* **soustrait**) *irreg.* to subtract
soutenir (*like* **tenir**) *irreg.* to support; to maintain (*an opinion*)
sous-titre *m.* subtitle
sous-titré(e) *adj.* subtitled
se souvenir (de) (*like* **venir**) *irreg.* to remember
souvent *adv.* often
spatule *f.* spatula
spectacle *m.* show
spectateur/spectatrice *m., f.* spectator
sport *m.*: sport; **faire du sport** to practice, do sports
sportif/sportive *adj.* athletic
statut *m.* status
stimuler to stimulate
studette *f.* small studio apartment
style *m.* style, look
stylo *m.* pen
subalterne *m., f.* subordinate
subir to undergo
substantif *m.* noun
substituer to substitute; **se substituer à** to be substituted for
sucer (nous suçons) to suck
sucre *m.* sugar
sud *m.* south
suffire (*p.p.* **suffi**) *irreg.* to be enough
suffisamment *adv.* sufficiently, enough
suggérer (je suggère) to suggest
suisse *adj.* Swiss
Suisse *f.* Switzerland
suite *f.* continuation; following episode; series; **et ainsi de suite** and so on; **tout de suite** immediately
suivant(e) *adj.* following, next
suivre (*p.p.* **suivi**) *irreg.* to follow; to take (*a class*); **suivre un régime** to be on a diet
sujet *m.* subject; **à ce sujet** on that subject; **à leur sujet** about them;
au sujet de about, concerning
super *adj. fam.* terrific, great
supérieur(e) à *adj.* higher than; greater than
supermarché *m.* supermarket
supplément (*m.*) **de travail** overtime
supplémentaire *adj.* additional, supplementary; **faire des heures supplémentaires** to work overtime
supplice *m.* torture; execution
supprimer to suppress
sur *prep.* on; about; **sur le moment** at the time; **sur route** on the highway
sûr(e) *adj.* sure, certain; **bien sûr** of course
surprenant(e) *adj.* surprising
surtout *adv.* above all; especially
survenu(e) *adj.* occurring
survêtement *m.* tracksuit
sympa(thique) *adj.* pleasant, nice
synthèse *f.* synthesis
synthétiseur *m.* synthesizer

T

table *f.* table; **mettre la table** to set the table
tableau *m.* chalkboard
tâche *f.* task
taille *f.* size; **de taille moyenne** of medium height; **taille basse** low-waisted
tam-tam *m.* tom-tom (*drum*)
tandis que *conj.* whereas
tant *adv.* so much; **tant de** so much, so many
tantôt *adv.* shortly; **à tantôt** see you again soon (*Can.*)
tapageur/tapageuse *adj.* noisy; rowdy
taper: ça me tape sur les nerfs that gets on my nerves
tapis *m.* rug
tard *adv.* late; **plus tard** later
tarif *m.* rate, price; **à tarif réduit** at a reduced rate
tartine *f.* buttered bread
taux *m.* rate; **taux de change** exchange rate
tel(le) *adj.* such (a); **tel(le) que** such as
télé *f.* T.V.
télécopieur *m.* fax
téléfilm *m.* movie made for television
téléphone *m.* telephone; **coup** (*m.*) **de téléphone** telephone call
téléphonique: cabine (*f.*) **téléphonique** phone booth
téléspectateur/téléspectatrice *m., f.* television viewer
téléviseur *m.* television set
télévision *f.* television; **chaîne** (*f.*) **de télévision** television network
tellement *adv.* so; so much, so many
témoignage *m.* testimony; evidence
témoin *m.* witness
tempéré(e) *adj.* temperate
temps *m.* time; weather; **à plein temps** full time; **à temps partiel** part time; **de temps en temps** from time to time; **en même temps** at the same time; **en très peu de temps** in a very short time; **il fait beau temps** it's beautiful weather; **peu de temps après** a short time later; **un bout de temps** for a while
tendresse *f.* tenderness
tenir (*like* **venir**) *irreg.* to hold; to hold out, offer; to stretch out; to regard, consider; **tenir à** to be anxious to; **tenir compte de** to keep account of; to keep in mind; **tiens** *interj.* here; **se tenir à l'écart** to steer clear, keep away
tenter de + *inf.* to try to (*do s.th.*)
terminer to finish
terre *f.* earth; **par terre** on the ground
terrestre *adj.* terrestrial
terrifiant(e) *adj.* terrifying
territoire *m.* territory
tête *f.* head; **avoir mal à la tête** to have a headache; **j'ai la tête lourde** my head feels heavy; **mouchoir** (*m.*) **de tête** bandanna
tête-à-tête: en tête-à-tête in private
T.G.V. (= **train à grande vitesse**) *m.* high-speed train
théâtre *m.* theater; **à coup de théâtre** with a dramatic turn of events
tiers *adj.* third; **pays** (*m.*) **du tiers monde** third-world country
timbale *f.*: **roulement** (*m.*) **de timbale** timpani roll
tirage (*m.*) **au sort** drawing lots
tirer to pull; to take, extract; to draw (*a conclusion*)
tisane *f.* herbal tea
tissu *m.* cloth
titre *m.* title; **à titre d'exemple** by way of example

toit *m.* roof
tombée (*f.*) **de la nuit** nightfall
tomber to fall; **tomber amoureux/amoureuse de quelqu'un** to fall in love with s.o.
ton *m.* tone
tonnerre *m.* thunder
topo *m. fam.* rundown, report
tôt *adv.* early
total(e) *adj.* total; **au total** in all
toucher to touch; **pour ce qui touche à** as regards, concerning
toujours *adv.* always
tour *m.* turn; trick; *f.* tower; **à tour de rôle** taking turns; **faire le tour** to explore, go around
touristique *adj.* tourist
tourner to turn; to film, to make a film; **faire tourner** to mix; **tourner autour de** to revolve (go) around
tout *adv.* quite, very; **à tout à l'heure** see you in a little while; **en tout cas** in any event; **pas du tout** (not) at all; **tout à fait** quite; **tout au long de** all throughout; **tout d'abord** right at first; **tout de suite** immediately; **tout d'un coup** all of a sudden
tout en écoutant while listening; **tout(e) fait(e)** ready-made
tout(e) *adj.* all, any; each, every; *pron.* everything, all; *m.* everything, whole; **à toute vitesse** at full speed; **en tout cas** in any event; **tous deux** both; **tous les jours** every day
tout le monde everyone; **toute la journée** all day long
toutefois *adv.* however
traction *f.* chin-up; pull-up
traduction *f.* translation
traduire (*like* **conduire**) *irreg.* to translate
train *m.* train; **en train de** + *inf.* in the middle of (*doing s.th.*)
traîner to drag, pull
trait *m.* feature, trait
traitement *m.* treatment
traiter de to deal with; to treat as
trajet m. journey
trancher to cut off
transcrire (*like* **écrire**) *irreg.* to transcribe
travail *m.* work; **bourreau** (*m.*) **de travail** workaholic
lieu (*m.*) **de travail** workplace; **supplément** (*m.*) **de travail** overtime
travailler to work
travailleur/travailleuse *adj.* hardworking
travers: à travers through, throughout
traversier *m.* (*Can.*) ferry boat
tremblement *m.* tremble; **tremblement de terre** earthquake
tremper to soak; to dip
trentaine *f.* about thirty
très *adv.* very
tricher to cheat
triste *adj.* sad
tristesse *f.* sadness
trop *adv.* too; too much; **trop de** too many
trouver to find, find out; **se trouver** to find oneself; to be
truc *m. fam.* thing
tube *m. fam.* hit (*song*)
tuyau *m.* pipe, tubing
tuyauterie *f.* piping; plumbing
typique *adj.* typical

U

uni(e) *adj.* united
unique *adj.* unique, sole; only
unir to unite
urbanisme *m.* town planning
urgence *f.* urgency; emergency; **rentrer d'urgence** to make an emergency trip home
usage *m.* use; **à l'usage de** for the use of
usine *f.* factory
usité(e) *adj.* in common use
utile *adj.* useful
utiliser to utilize, use

V

vacances *f. pl.* vacation
vache *f.* cow
vaisselle *f. sing.* dishes; **faire la vaisselle** to do the dishes
val *m.* valley
valeur *f.* value; worth; **mettre en valeur** to exploit
valise *f.* suitcase
valoir (p.p. **valu**) *irreg.* to be worth; **il vaut mieux** it is better; **valoir la peine** to be worthwhile, be worth the trouble
valse *f.* waltz
variante *f.* variation
varier to vary
veau *m.* veal
vécu(e) *adj.* lived
vedette *f.* star (*performer*)
vendable *adj.* saleable, marketable
vendeur/vendeuse *m., f.* seller
vendre to sell
vendredi *m.* Friday
venir (*p.p.* **venu**) *irreg.* to come; **venir de** + *inf.* to have just (*done s.th.*)
vent *m.* wind; **instrument** (*m.*) **à vent** wind instrument
vente *f.* sale; **prix** (*m.*) **de vente** sale price
ventre *m.* stomach; **avoir mal au ventre** to have a stomachache
vérifier to verify
vérité *f.* truth
verre *m.* glass
vers *prep.* toward(s), to; at around (*with time*); *m.* verse
verser to pour
vert(e) *adj.* green
vertige: avoir le vertige to be dizzy
vestiaire *m.* cloakroom
vêtements *pl.* clothes
viande *f.* meat
vicieux/vicieuse *adj.* vicious
vie *f.* life; **durée** (*f.*) **moyenne de vie** average life span; **espérance** (*f.*) **moyenne de vie** average life expectancy; **niveau** (*m.*) **de vie** standard of living
vieux (vieil; vieille) *adj.* old; former
vif/vive *adj.* bright
village *m.* village, town
ville *f.* city
vin *m.* wine
vinaigre *m.* vinegar
violon *m.* violin
virgule *f.* comma; decimal point
visage *m.* face
viser to aim at (for)
visionner to view
vite *adv.* fast, quickly
vitesse *f.* speed; **à toute vitesse** at full speed
vitre *f.* window pane
vivement *adv.* in a lively manner
vivre (*p.p.* **vécu**) *irreg.* to live; **vive...** long live. . . ; **vivre au jour le jour** to live from day to day
vivres *m. pl.* supplies, provisions
vocable *m.* term
voie *f.* track, railway line; **en voie de développement** developing
voilà *prep.* there is, there are
voile *f.* sail; **faire de la planche à voile** to go windsurfing
voir (*p.p.* **vu**) *irreg.* to see; **voyons** come on; **voyons voir** let's see
voisin(e) *m., f.* neighbor
voiture *f.* car
voix *f.* voice; **à haute voix** out loud
vol *m.* theft; flight
volaille *f.* poultry
voler to steal; to fly
volley *m.* volleyball
volontaire *m., f.* volunteer
volonté *f.* wish, will; willingness
vouloir *irreg.* to want; to require; **vouloir dire** to mean
voulu *p.p.* of **vouloir** wanted; desired
voyager (nous voyageons) to travel
voyelle *f.* vowel
vrai(e) *adj.* true
vraiment *adv.* truly, really
vu *p.p.* of **voir** seen
vue *f.* view; **point** (*m.*) **de vue** point of view

Y

y *pron.* there; **il y a** there is, there are